創造力與教學
幼兒創造性教學理論與實務

周淑惠 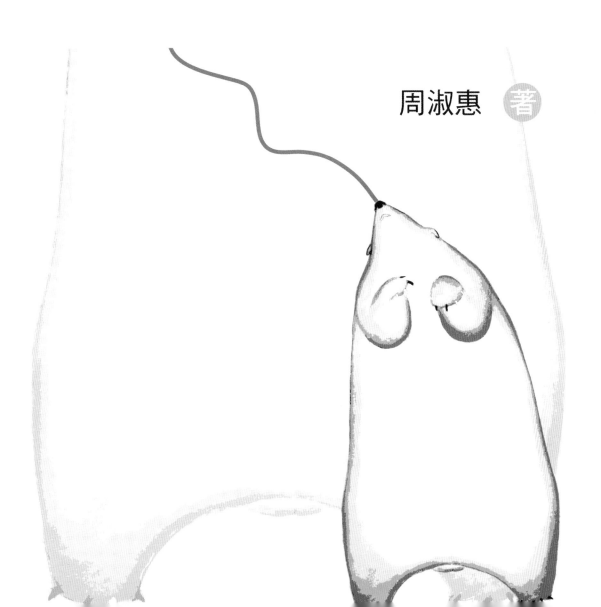 著

作者簡介

周淑惠

現任：國立新竹教育大學幼兒教育學系／所教授

學歷：美國麻州大學教育博士（主修幼兒教育）

美國麻州大學教育碩士

國立政治大學法學碩士（公共行政）

經歷：澳門大學客座教授

美國北科羅拉多大學研究學者

美國內布拉斯加大學客座教授

美國麻州大學客座學者

國立新竹師範學院幼兒教育系／所主任

國立新竹師範學院幼兒教育中心主任

行政院農業發展委員會薦任科員

考試：公務人員高等考試普通行政組及格

作者序

　　本書是以本人多年的大學部「創造力教育」以及研究所「創造力與教學」授課內涵與經驗為基礎，統整在幼兒園進行的創造性教學協同研究以及創造力、創造力訓練與創造性教學等相關文獻探討所孕育的結晶。當初構思時的主要考量與目的有三：首先，創造力是當今世代生存競爭與安適過活的利器，甚至是整個人類文明進化的驅動力，所以人人均應具創造力並在生活中樂活創意；其次，幼兒教學必須回應幼兒特質，充滿活力與創造力，不僅須開放並解構，而且應以培育具創造力能適存未來社會的公民為目標；最後，創造性教學可運用於各領域或學科，包含語文、數學、情緒、體能、美勞、音樂、科學等，不限於藝能學科，而且最好能統整實施。

　　針對以上的目的與考量，所以本書內容含括第一章「創造力#?*&%!$&#?：初探」，初探創造力，從不同面向讓讀者「意識」創造力及其作用；並指出世界趨勢，探討創造力為何受到重視，分析其對個人與社會、國家的功用。第二章「創造力大剖析：匯合理論浪潮」，揭示匯合觀點的創造力研究趨勢，釐清創造力的意涵並綜合提出以「栽種盆花」為喻的創造力定義；進而分析影響創造力表現或發揮的一些重要因素，作為後續探討創造性教學的基礎。第三章「創造力之運用：幼兒創造性教學模式」，將創造力運用於教學，先作名詞釋義與澄清，再論述幼兒與幼兒教師的特性；進而綜合影響創造力表現要

素、匯合理論學者以及幼教學者之觀點，揭示「幼兒創造性教學模式」。第四章「創造力大補帖：樂活創意與巧變創意」，將焦點移至如迷航中掌舵舵手般重要、扮演多元鷹架角色的教師身上，探討如何樂活創意與巧變創意，即強化創造能力之法。第五章「主題課程變變變：幼兒創造性教學 X」，乃依「幼兒創造性教學模式」闡述幼兒創造性教學在課程方面的特徵，並以幼兒園主題課程實例說明如何進一步落實幼兒創造性教學。第六章「教學活動變變變：幼兒創造性教學 Y」，說明幼兒創造性教學活動的特徵與設計實務，並提出各領域活動實例數個，搭構理論與實務的橋樑。第七章「幼兒創造性教學動動動：結論」，基於幼兒創造性教學須多方資源的聚集，探討在資源與環境方面應如何熱動與全面配合；最後則總結本書重要論點，提出未來展望。

　　這本書從構思到出版歷經數個年頭，期間個人人生發生一些變故，停停寫寫幾度幾乎放棄，今能順利完成問世，除個人堅強意志力的支撐，深信自己所從事的是極有意義的事外，實在要感謝身旁許多人。首先是新竹親仁實驗幼兒園園長鄭良儀暨全體教師與幼兒慷慨提供研究與觀察場域，讓本書的一些想法與活動能有試行的機會，例如湘怡老師、咖啡老師、嘉嘉老師等；也讓老師教學與幼兒創意表現得以成為書中的重要佐證，例如：亮晶晶班（莎莎老師、泡泡老師）、彩色香菇班（咖啡老師、小媜老師）、花兔班（瑄瑄老師、榕榕老師）、小樹家（小萱老師、Mini 老師）等。還有澳門大學幼教班與班上同學岑慧婷、張德蘭、蕭慧琳等提供活動或作業照片，讓本書增色不少。其次是外子李文政教授的協助，在撰寫階段尤其到了後期，必須兼顧整體性與各處細節，需要更多精力投入，他不厭其煩地協助我，如改正錯別字，檢查所有文本註釋與參考文

獻之一致性，還有目錄、圖表與本文之配合性等，甚至比我還細心，真是萬分感激。當然也要感謝過程中幫我繕打的研究生語齊，忍受我的龍飛鳳舞文字，讓我能專心構思。最後也要感謝從美國放暑假回台的小女卓茵，幫我耐心地逐字校對，使本書能順利付梓。

本人才疏學淺，但是一向秉持忠於工作、持續成長的心態，每隔一段時間均希望能統整這段期間內的所有研究、教學工作，一方面也想藉機挑戰自己、往前邁進，對自己有所交代，尤其在服務快屆滿 25 年即將退休之際，更不想就此怠惰；因此透過「撰寫」此一「語文心智工具」，得以讓我再次廣閱文獻、整理與省思自我觀點，進而澄清與統整現有成果，是個人認為最佳的專業成長方式。雖然自認為每一本書都是歷經淬煉的心血結晶，但是由於學養、能力與體力有限，難免有所疏漏，在此請先輩們能不吝指教。

周淑惠

寫於 2011 仲夏

目次

參考文獻

表次

圖次

CHAPTER 1 創造力 #?*&%! @?$&#?：初探

本章初探創造力，主要目的在讓讀者從不同面向「意識」創造力及其作用，首先，第一節「創造力？初體驗！」，乃讓讀者「感受」生活中的創造力實例與其表現層面，進而藉思索創造力相關議題，激發對創造力探究的興趣；其次，第二節「創造力！為什麼？」，乃指出世界趨勢，並從個人與社會、國家角度探討創造力為何受到重視，據以分析創造力對個人與社會、國家的功用。

第一節　創造力？初體驗！

「創造力」到底是什麼呢？根據網路版韋伯大字典，創造力是「創造新事物的能力與想像力」（http://www.merriam-webster.com/thesaurus/creativity），此種產生或創造新事物的能力，依筆者的理解，在現實世界裡大體上有兩種狀況，第一種猶如孕婦生產嬰兒般，是能無中生有、產生全新發明與設計的能力，即「看我『生』出什麼？」的能力；同時創造力也是一種能改變現有、推陳出新的能力，有若魔術般的巧變，能將眼前既存之物變為他物，即「看我『變』出什麼？」的能力。以上兩者都有一個共通點，那就是其所製造的成果均是與眾不同具有獨特性，即「就是跟你不一樣！」，這樣的創造力看法應為多數

讀者所理解——歷史上大發明家愛迪生、富蘭克林、萊特兄弟發明電燈、電報、飛機等，都有著「看我生出什麼？」的無中生有能力，而當代各家廠商在現有基礎上不斷精進改良，研發各種新款手機如商務黑莓機、觸控螢幕機、視訊電話機等，都有著「看我變出什麼？」的推陳出新能力。也就是因著「看我生出什麼？」與「看我變出什麼？」的能力，讓人類生活不斷精進與改善，也寫下整部人類文明進化史。而相對於筆者理解的此二創造型態，毛連塭、郭有遹、陳龍安與林幸台（2000）則將創造思考型態劃分為更細：修改原案、改變觀念、推陳出新、合舊成新、別出心裁與無中生有。

一、創造力、生活與人類文明

　　的確，創造力與人類生活關係密切，人類生活各面向——食、衣、住、行、育、樂均拜賜於各種創新發明，方得以舒適、便利或減輕疾苦，例如：大眾捷運的發明由人獸力牽引、燃油行駛、磁浮列車，到繼續行駛也能上下車的超高速設計；洗衣機的發明由洗脫分離雙槽、全自動單槽，到洗脫烘一次完成的高智慧設計；再如攝影機的發明由大卡帶需轉錄的傳統肩扛型、小卡帶亦需轉錄的 DV、DVD 光碟機型，到直接錄進硬碟或記憶卡的數位掌上型輕巧設計。以上廣布生活各層面的創造發明不勝枚舉，均是減輕疾苦、便捷生活的最佳實例，一一刻畫出人類文明逐漸進步的軌跡，在在都顯示創造發明對人類生活的重要性。

　　換言之，整部人類文明歷史就是一部創造發明史，由於各種創造發明讓人類不斷邁入新的里程碑，例如：電燈的發明，讓人類跨入晝夜不分的光明世界；飛機的出現縮短各國間的距離，日益形成地球村世界；電腦科技與太空科技的創新，把人類送上月球，跨入完全嶄新的

紀元。特別是電腦資訊科技的發明，由早期的占據整個特定空間、資料處理必須受限於現場打孔輸入的龐大設施，歷經使用磁碟片的厚背桌上型電腦，內建視訊、燒錄、藍芽、DVD 等多功能的迷你筆記型電腦，到這一兩年上市的觸控式平板型輕巧電腦，在在都呈現創造發明將人類帶入嶄新的生活方式。在今日任何人隨時隨地均可運用一部小筆記型電腦進行多方視訊會議、處理與傳送商務文件、從事貨品交易、管理銀行資金等，使「行動辦公室」成為可能與趨勢，可以說一機能遨遊四海、行走天下，大大改變了人類的生活面貌；甚至影響層面較大的全球金融經濟、交通運輸體系與國防軍事設施等，均多方依賴電腦資訊科技的調節與控管，如導彈系統、航運管理、金融連線等，進入全面 E 化的新時代。以上實例充分映證 Urban（2007: 167）所比喻：「創造力有如人類進化的引擎與燃料，對所有人類與非人類環境具有重大影響。」

　　不僅整部人類文明歷史就是運用創造力的軌跡與成果，在一般人的生活中也俯拾可見運用創造力的實例，例如：以下所描繪週日早晨茵茵的媽媽之生活速寫：

　　　　週末假期晨起，茵媽想為挑食與食慾不佳的茵茵做一份特殊的早餐。於是她用兩片白吐司，在其上端配放兩片各切了一角的綠色小黃瓜片當眼睛，又將吐司去邊切去四角，製成似「大眼蛙」圓鼓大肚外型、內夾起司與蛋的三明治。並用茵茵愛吃的草莓優格醬調製生菜沙拉，在綠色生菜間則以紅番茄、胡蘿蔔與葡萄乾點綴，使得這份愛心三明治整體看起來有如綠草花叢間的大眼蛙在對著茵茵眨眼睛。剛起床的茵茵眼睛為之一亮，非常喜歡，「媽媽我想先吃花！」、

「媽媽我最後才吃大眼蛙喔！」、「哇！我吃了大眼蛙囉！」茵茵快樂地吃下整份三明治，之後就和爸爸一起提著水桶洗刷停在門口的愛車。

　　接著茵媽趁著假日空檔清理凌亂爆滿的衣櫥，找出一些過時與變小的衣服。她試將一件迷你裙往上拉提穿在胸前，外加一件薄棉外套，過時的迷你裙頓時仿如小可愛內搭衫，非常特別、有型；並且將縮水的牛仔褲剪掉兩個褲腳，只留上半部臀部處縫成袋狀，然後將茵茵嬰兒時的睡袍上的長頸鹿裝飾剪下，黏燙其上，剩餘睡袍則塞入牛仔布袋中，即成可愛且保溫的便當提袋，其餘褲腳則裁製成數個湯鍋底墊。茵媽看著自己的巧思與傑作，非常有成就感。而後在整理一團混亂的貼身衣物抽屜時，茵媽突然想到正待丟棄處理的數個鞋盒可以派上用場放在抽屜中，以分類置放個人的襪子、手帕、內衣等小型衣物，於是動手整理。快到中午時，茵媽一面哼著歌，一面又開始想著如何將昨夜外食的打包剩菜加一點別的食材，以調製「變身」成新鮮烹調的菜餚，以及思索如何做出兩道與平日不同、可吸引茵茵與茵爸目光與食慾的佳餚……。

茵茵的媽媽只是用了一些巧思：將兩片小黃瓜切了一角當成眨眼的青蛙眼睛，裝飾在裁成蛙形的吐司麵包上，並將大眼蛙置於巧為點綴的蔬菜沙拉上方，就成綠草花園間的大眼蛙三明治，這份巧思讓不愛吃蔬菜與食慾不佳的茵茵，開心地吃下整份營養均衡的三明治沙拉早餐。又迷你裙上拉變成小可愛內搭衫，不僅別出心裁、永遠不會與人撞衫，而且也回收利用，為「永遠缺少一件衣服」的愛美女性省下一筆血拚經費；牛仔褲回收運用，變成實用、可愛的便當提袋與桌上鍋

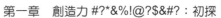

墊，不僅衣櫥乾淨整齊，而且也節省一筆額外開銷；還有鞋盒的運用，不僅解決了抽屜中各種小型貼身衣物的凌亂混置、不易尋找問題，而且也作了資源回收，減少垃圾量。最重要的是，茵媽的創意是伴隨著快樂情緒，也帶給家人快樂與幸福的氛圍。而以上在生活中運用巧思、創意的例子在人類生活食、衣、住、行、育、樂等各個面向均可以發現，例如：舉世有名的 STOMP 樂團就是運用破銅爛鐵，甚至掃把、水桶，演出絕妙和諧、令人稱頌的打擊樂章。

　　新聞亦曾報導許多人們在生活中各層面運用創造力的實例，例如：一位突然遭逢家庭變故的高中女同學，運用摺扭氣球的巧手藝作出各種生動有趣造型的花式氣球，為自己賺取生活費與學費，解決生活困境；店家或街販運用巧思，變化出船形麵包夾炒麵、手握甜筒式 piz-za、水果內餡雞排的另類小吃，帶來奇佳銷路；一位七年級小女生運用自己的繪畫技巧，在白布鞋鞋面上創意作畫，如一隻鞋面為噴火龍，另一隻鞋面則為噴出的火焰，為自己開拓大好商機；甚至剛公布騎乘機車必須戴安全帽的法令規定時，一位老伯將厚實老舊的電鍋當安全帽戴在頭上，也是很可愛的運用創造力的例子。這些實例都是在生活中「看我『變』出什麼？」的最佳映證，為自己創意解決當下問題或帶來盈利。當然也有很多創意發明是造福他人、解決社會的重要問題，例如：不用加洗衣粉的奈米小陶珠洗衣球設計，是相當環保的產品；運用回收舊報紙編製並塗製成防水可穿的實用鞋子；以及利用車身重量行駛於路面，讓街燈感應發亮製造能源，都是當前講求環保非常得當的設計。

　　又在日常生活中我們經常會發現一些創意小商品，例如：筆者曾經買過一種絲瓜皂，那是將長條乾燥絲瓜注入彩色皂液後，剖切成數塊絲瓜皂，不僅顯現好看的彩色透明皂相與絲瓜剖面紋理，猶如小飾品，為浴廁增添亮麗色彩，而且一面洗手一面可搓揉去角質。筆者也

曾看過小玩偶造型的迴紋針架,凌亂的迴紋針吸附在玩偶頭圍四周(內有磁鐵),有如人的頭髮般煞是可愛,不僅是文具,也是桌上裝飾物;還有 USB 不使用時,變成可摺疊把玩的變型金剛,既是電腦周邊商品,又是迷你玩具;以及最近很流行的便條紙設計,一頁頁便條紙向外輻射展開後是具有鮮明色彩的水果造型實體,既是文具,也是送禮的裝飾物;其他尚有可吸附於冰箱上的臉譜開瓶器,嘴巴開口處巧變為開瓶重要部位,而且用後可黏於冰箱不易丟失,並可吸夾重要備忘紙條,輕巧方便、一舉數得。而以上這些創意產品均令人愛不釋手,增添許多生活情趣。

筆者也常被一些創意的影音廣告所吸引,例如:某家汽車廣告在其廠牌汽車開動後,原本坐在車內的皺皮沙皮狗迎風得意,臉上皺紋頓時全消、光滑平順,一副非常享受、陶醉的模樣,而汽車一停時,沙皮狗臉上的皺皮立即顯現,一副愁煩面貌,前後鮮明對比,巧妙烘托出該品牌汽車行駛之平穩順暢感。又有家家具公司廣告為顯示其家具的多功能與彈性變化,在影片中出現一位年輕褓姆在清晨為解決歡樂派對後的凌亂,以迎接即將入門的孩子與家長,於是將家具翻轉、倒置,就立即變成可愛的兒童小椅墊、遊戲床、遊戲毯,甚至將床底抽屜拉開將男友推入,創意解決尷尬問題。再如有一家天花板公司在其廣告中演出兩隻壁虎情侶歡樂擁抱,因天花板破裂,導致一隻壁虎跌落地面,另一隻壁虎含淚從天花板也往下跳,結果雙雙身亡的感人場景;在地面的人們在難過情緒中,互相責怪為何不使用某種品牌的天花板,自然地帶出該品牌天花板的優點。還有一汽車音響廣告在鏗然有力的音樂播放後,前座面板上的兩隻可愛小兔偶隨著強烈節奏振動,逐漸合抱並成上下面對姿態,令人莞爾一笑,充分顯示該廠牌音響的強大輸出功力。以上實例完全說明到處皆有創意,也皆可有創意,創意是生活的潤滑劑,也是開拓商機的大法門,更是當代社會生

存的絕佳利器。

二、創造力表現層次

　　以上創造力表現，有些是對人類社會與文明具重大貢獻，甚或足以扭轉歷史，如資訊科技的研發、交通運輸體系的精進等；有些則是個人層次的表現，僅止於對個人或周邊少數人的影響，如茵茵媽媽的花園大眼蛙三明治與迷你裙巧變內搭衫、老伯將廢棄電鍋當安全帽等。後面這種一般人為應付每日生活各層面挑戰的解決方案或創新稱之為「小 c 創造力」（little c. creativity，簡稱 LCC）（Craft, 2001, 2002, 2007）或「小創造力」（small c.）（Csikszentmihalyi, 1996），有別於前者對整個社會具重大貢獻與影響的「大 C 創造力」（big C. creativity，簡稱 BCC）（Craft, 2001, 2002, 2007）。而 Cropley（2001）則將此二層次表現的創造力分別稱之為「超卓創造力」（sublime creativity）與「日常創造力」（everyday creativity），筆者認為日常創造力此一語詞非常傳神，顯示在日常生活中處處可運用創造力，天天都可生活在創意之中。Craft 認為，小 c 創造力是存活於現今急速變化與混亂世界很重要的技能（Craft, 2001），因為人們必須要更加自我導向（self-directed），以形塑自我認同，並要經常作抉擇，試圖在困境中找尋出路與解決問題；而且 Craft 也認為小 c 創造力是幼兒教育的重要目標（Craft, 2002, 2007）。

　　正因為小 c 創造力被視為幼兒教育的重要目標，在此我們特別審視它。首先，它是一種「我可以做」（can do）的生活方式假定，這種生活方式驅使個人可以在各種情勢下積極找尋解決方案與出路（Craft, 2001），例如：茵茵的媽媽為解決衣滿為患與抽屜凌亂問題，思考可以怎麼做並實地做出。其次，它也是以知識為基礎的「可能性思考」

（possibility thinking）與創新，也就是個體為應付每日挑戰，有意圖地思考可能可以怎麼做？或可能會如何？並採取積極行動（Craft, 2001, 2002, 2007），例如：茵茵的媽媽面對茵茵挑食與食慾不佳問題，思考在營養均衡原則下，可以將早餐如何創新變化？以及思考在色香味俱全原則下，可以將隔夜打包外食如何賦予新面貌？就此，可能性思考是創造力的引擎（Craft, 2000）、小 c 創造力的核心（Craft, 2007）。

不過 Craft（2002）也指出，小 c 創造力與大 C 創造力是處在一連續體的兩端，連續體的一端是個人力量與作用的小 c 創造力，另一端則是改變世界的大 C 創造力，顯現不同端點程度上的差異。小 c 創造力的焦點在於個人的效能，如創新變化一個餐點、發明一項親子新遊戲，並不像連續體另一端大 C 創造力受到嚴格的學門專家審查，而且也不會在學門上發生巨大變化如派典轉移。然而小 c 創造力卻為大 C 創造力的基礎，兩者有其共通之處：

1. 均透過生活實境中的創新行動而表現，均涉及可能性思考。
2. 均須運用領域知識以為創作的基礎。
3. 均涉及一些程度的冒險。
4. 均須有讚賞或認同的觀眾以及有衡量價值的情境。
5. 均須有具體表現手法。

Craft（2001）進而指出小 c 創造力的三面結構：以獨特方式扮演小 c 創造力的個體促動者（agents）、含直覺非意識與理性的歷程（process）、適合任何學科與所有生活領域（domains）；它的必要品質與特性是：自我導向、創新、行動、引領發展、深度投入、冒險、富想像力、提問與操弄遊戲。因此小 c 創造力適用於人類生活的所有層面，不僅是藝術領域、學業領域，而且可用於日常生活之中，它涉及有何可能性與可以如何做的思維，並且也付諸行動創新或解決問題，是個體

生存於當代與未來社會所必須具備的基本技能。以下是筆者依據 Craft 之意，繪畫小 c 創造力之示意圖（如圖 1-1 所示），三角錐之周邊三面為她所指之三面結構，底座為可能性思考，是小 c 創造力的核心，撐起整個三角錐，讓創造力得以發功運作。

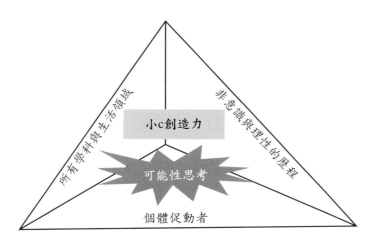

圖 1-1　Craft 小 c 創造力示意圖

　　大 C 創造力與小 c 創造力既有其共通基礎，筆者以為若能經常在生活中運用小 c 創造力，必能熟巧大 C 創造發明的技巧與情境，離大 C 創造力的層次必不遠矣，最起碼也能快樂適存於當代與未來瞬息萬變、高度競爭的社會。因此，對幼兒教育而言，應自小培育小 c 創造力，在日常作息中與課程內容中鼓勵與協助幼兒積極面對各種問題，努力思考有什麼可能性並試圖以行動創意應對，不僅將使其具備生存於未來紀元的重要能力，而且也為大 C 創造力奠定基礎，有朝一日在適當條件下，方有可能表現大 C 創造力，造福人群。綜上所述，創造力是人類文明演化的引擎，也是生活中的潤滑劑，處處皆可表現，更是幼兒教育的重要目標。

三、創造力相關議題

在意識創造力與生活、人類文明以及教育的關係後，筆者提供以下四個與創造力有關的情境問題，相信可以激發讀者對創造力探討的興趣，有興趣的讀者可以試著回答或參閱題目下的提示。又本書多數章節即在探討這些議題，有興趣的讀者請繼續探究各相關章節。

梅創藝先生覺得自己很沒有創造力，於是想報名坊間創造力開發中心的創造力課程，你覺得會有效果嗎？

思考重點：個體創造力可以經由訓練而提升嗎？

你的看法：

提示：

　　Sternberg（2006b）在《創造力國際手冊》（*The International Handbook of Creativity*）之緒論中指出，目前學界對於創造力的共通看法之一是：創造力至少在有些程度上，是可發展與提升的；另外 Sternberg（2007）也曾言，創造力是一種習慣與生活態度，有創造力的人通常習以新鮮、新奇方式回應問題，而非隨意無心的回應；Piirto（2004）則指出，比較有創意的人是刻意學習而來的，他們學著冒險、重視複雜、以天真眼光去看待世界與周遭。至於有關提升創造力或樂活創意的方法，請參見本書第四章針對一般讀者與幼兒教師的「創造力大補帖：樂活創意與巧變創意」。

王大凡智力測驗成績是中等，在看了世界偉大發明家傳記後，他也立志成為一個創造發明家，你覺得可能嗎？

思考重點：創造力發揮或表現的要素是什麼？
　　　　　又智力與創造力的關係為何？

你的看法：

提示：

　　目前有關創造力的理論多趨向「匯合理論」（confluence theory），也就是創造力的發揮是涉及多項因素間的交互作用，智力只是多項因素間的一項，例如：Sternberg 與 Lubart（1995）提出智力是創造六項個人資源之一，它包含綜合、分析與落實三種能力，此外還必須有動機、環境、知識、人格特質、思考型態等諸多因素的互動配合，不過智力與動機強可以加乘創造力表現，而知識則是基本門檻。請參見本書第二章各家匯合理論的介紹與創造力表現影響要素的分析。

H1N1 疫情緊急，科學家艾沙生發明了一種瞬間把嚴重感染者殺死，並且化骨肉為無形的毀人滅屍電光手槍，你認為這是有創意的產品嗎？

思考重點：什麼樣的產品才具有創造力？

　　　　　即產品合乎創造力的要件為何？

你的看法：

提示：

　　Sternberg（2006b）在《創造力國際手冊》之緒論中指出，目前學界對於創造力的共通看法之一是：創造力涉及以產生新穎想法或產品為目的之思考；又 Sternberg 與 Lubart（1995）認為，產品具創造力必須兼具新穎（novel）、適當（appropriate）與高品質。英國創意與文化教育國家諮詢委員會（National Advisory Committee for Creativity and Cultural Education，簡稱 NACCCE）（NACCCE, 1999, 引自 Craft, 2002）認為有創造力的產品必須是原創、有價值的。而 Cropley（2001）則認為，創意產品必須符合新奇、有效性與倫理性，所謂倫理性係指非破壞性、犯罪性與自私意圖的。

☀ 韋筱苞是幼兒園教師,她想將創造力運用於教學上,於是在美勞、律動、戲劇等藝能科目上花了許多心思,設計了許多創意活動,讓幼兒在活動中運用創造力;對於數學、科學、語文等科目則保持原有教學型態。對於她的「創造性教學」作法,你的看法如何?

思考重點:幼兒創造性教學應如何實施?

　　　　　哪些科目或領域可以實施創造性教學?

你的看法:

提示:

　　多數研究創造力與幼兒教育的學者均認為,培育創造力應以跨領域的統整性課程實施,如主題課程,又任何科目或領域均可實施創造性教學,例如:我國學者吳靜吉(2002)指出,應以多元智能為架構培育學生的創造力,Craft(2001)指出小 c 創造力三面架構之一就是適合任何學科與所有生活領域。有關如何實施創造性教學,請參見本書第三章筆者所提出的「幼兒創造性教學模式」之論述、第五章創造性主題課程實例之分析,以及第六章各領域創造性教學活動之舉隅。

第二節　創造力！為什麼？

本節首先提出創造力為當代各國趨勢的事實，繼而探討其緣由，即為何創造力如此重要，受到各國重視，最後則歸納創造力在當代社會的具體功能。

一、創造力為當代各國趨勢！

21 世紀是劇烈變化的紀元，以腦力決勝負的知識經濟時代，重視創造力已成為當代各國的趨勢，舉例而言，近年來中國大陸從中央到地方幼兒園最常提倡的口號是培育兒童的創造力，並且將其明定於幼兒教育指引上（Vong, 2008）。

台灣教育部於 2002 年公布《創造力教育白皮書》，並展開為期四年的「創造力教育中程發展計畫」；《創造力教育白皮書》旨在實現「創造力國度」（Republic of Creativity，簡稱 ROC）之願景，其涵蓋要點有以下五項：

1. 培養終身學習、勇於創造的生活態度。
2. 提供尊重差異、活潑快樂的學習環境。
3. 累積豐碩厚實、可親可近的知識資本。
4. 發展尊重智財、知識密集的產業形貌。
5. 形成創新多元、積極分享的文化氛圍。

在白皮書中除分析國際情勢並檢討台灣現況外，並提出十項推動原則與四面向策略，以及六個先期行動方案：(1)創意栽植列車；(2)創意教師成長工程；(3)創意學校總體營造；(4)創意生活全民提案；(5)創意

智庫線上學習；(6)創意學養持續紮根。政策與方案影響所及，許多大學院校已經開設促進創造力教育的相關課（學）程、系所、研究中心或其他實施方案，許多單位舉辦以創造力和創新為主題的研討會或競賽，有一些民間組織設立專責機構研發或舉辦活動以推動創造力，學術界增加許多各類創造力出版品與相關碩博士論文，許多中小學獲得政府或民間組織等經費補助支持其發展創造力（教育部，2006）。

其他國家亦非常重視創造力的培養，例如：英國政府對創造力的重視是有目共睹的。根據 Craft（2002），早在 1960 年代的《普勞登報告》（*Plowden Report*）就持自由開放的兒童教育觀，特別指出提升兒童的創造力是極為有益的，是所有教與學規劃的核心基礎，並建議許多提升創造力之法；換言之，此份報告的重要貢獻是讓人們開始理解創造力在兒童教育上的重要性。其後到 1990 年代 NACCCE 的報告《我們的未來：創造力、文化與教育》（*All Our Futures: Creativity, Culture and Education*）進一步專注於創造力，就政策面與實務面提出創造力教育的理論架構與廣泛建議。而目前英國國定課程幼兒教育（三至五歲）六個學習目標之一就包含創造力發展，小學與中學的國定課程手冊中明白規定，課程應能使學生創造性地思考並提供機會使其變得有創意。

又根據吳靜吉（2001）主持的《教育部創造力教育白皮書子計畫：國際創造力教育發展趨勢專案報告書》指出，英國在 2005 年掌管創意的文化、媒體與運動部（Department of Culture, Media, and Sport，簡稱 DCMS）以及掌管教育的教育與技能部（Department for Education and Skills，簡稱 DfES）甚至合作，請教育學者 Paul Roberts 研究學校中創造力的施行情形。Paul Roberts 在 2006 年提出《培育兒童創造力：回應政府未來政策的報告》（*Nurturing Creativity in Young People: A Report to Government to Inform Future Policy*），政府部門充分支持地回應此份報

告，重申創造力在兒童教育的重要性，指出在基礎階段課程中，創造力教育仍將是重要目標，培育兒童創造力將以貫穿各領域的完整課程方式實施並著重於八項行動；創意與教育兩個部門並成立一諮詢委員會，來確保這些促進創造力的教育方針能具體落實。

再根據上述《國際創造力教育發展趨勢專案報告書》指出，亞太地區的政府教育部門特別努力提出有關創造力教育之政策，例如：日本、韓國、澳洲等。以新加坡政府為例，曾於 1998 年出版《學習思考、思考學習：邁向思考學校、學習國家》一書，揭示思考學校、學習國家為教育發展願景，以提升新加坡創新能力；其政府教育部並將創造力定為各級學校教育目標，明白指出教育相關單位應為知識經濟做準備。又日本在其國家幼兒課程標準中，也提出幼兒教育目標之一是提升創造力。以上各國重視的現象，誠如 Simonton（2006）在《創造力國際手冊》中所指，儘管創造力在各國有千百種樣貌，但創造力終究會是一個全球共通的現象。

二、創造力為何重要？

創造力為何如此重要，以致世界各國不遺餘力地推動？筆者以為主要涉及三大層面因素使然：人類習性、社會特性與國家實力。

（一）人類習性：需求無盡與自我實現

人類具有兩項特性：「需求無盡、喜新厭舊」以及「自我實現、自由發揮」，由於這兩項特性，促進了創意發明與表現，以滿足個體需求；而人類社會乃由許多個體所組成，必須照顧與考量多樣的人類需求。

1.需求無盡、喜新厭舊

　　人類有多樣需求,根據 Maslow（1968）的需求層次理論,個體在基本生理溫飽外會不斷追求更上一層次的需求,如安全、情愛與自我實現等。其實單就基本生理需求而言,個人在食、衣、住、行、育、樂各個面向就永遠有無窮的慾望要滿足,遑論安全、情愛等其他層次;再加上人類喜新厭舊的心理,讓這多方面慾求更加無止境,促成了無數的創造發明與盎然商機,例如:年輕人經常更換手機、多數人的衣櫥永遠少一件衣服,就是喜新厭舊習性的最佳寫照,「需要為發明之母!」真是至理名言。

2.自我實現、自由發揮

　　在另一方面,其實創造力也是一種人類的自我表現與實現,以證實自己的存在價值,於是獨特、多樣的創作、巨著與表現不斷應運而生。Maslow 的需求層次論之最高層級就是自我實現,整部人類文明進步史多半也是這人類自我實現需求所促動的。又如 Piirto（2004）曾從數量、品質、公平、自由角度來說明人類為何對創造力這麼有興趣,她指出人類在一方面需要大量產品、優質產品,而在另一方面也有自由表現與公平表現的需求,例如:貧下階層受限於正式教育與領域知識,無法在學術或專業領域上出人頭地,但卻可以在其他領域如街頭音樂、嘻哈舞蹈等自由發揮、嶄露頭角。她的論述完全反映人類自我實現的需求,呼應筆者的論點。

（二）社會特性：瞬息萬變與高度競爭

　　當代與未來社會有兩項特性:「瞬息萬變、無法預測」以及「高度競爭、難以生存」,若無創造力,個人與社會均無法倖存,國家政府自然萬分重視。

1.瞬息萬變、無法預測

創造力在當代社會為何如此地重要與受重視，主要是因為世界急遽變化，比以往作更大幅度的轉變，人們必須經常適應這快速變動的世界，以新的思考方式因應新的、非預期的工作與情勢，或解決不斷出現的問題與挑戰（Duffy, 1998; Sternberg, 2007）；Craft（2001）也指出，21 世紀具不確定性與不可預測性，無論是在社會結構（家庭、社區與個人）、經濟與技術等各面向，均變動極大。舉例而言，近年來世界金融海嘯，一夕之間風雲變色，引發機構、眾人破產或失業，再加上突如其來的大自然反撲與災變讓人措手不及，實在是瞬息萬變、無法預測！就像是日本海嘯與核變。面對劇烈變動的情勢，必須秉持創造能力在渾噩動盪危機中積極應變，以力求延續生存，或者是握持彈性變通心態，在曖昧艱困情勢中調適，以力求泰然安處。

2.高度競爭、難以生存

社會情勢瞬息萬變，自然伴隨高度競爭，尤其是社會結構與產業經濟方面，今日研發的技術在挹注大筆精力、財力後，明日可能已成黃花，被對手更精進的技術取而代之，甚而遭受淘汰、退場命運，真是一個高度競爭、難以生存的社會。換言之，當代是一個知識經濟時代，是以腦力、智慧與創造力決勝負的紀元，個體或企業要在芸芸眾生或各類產業間嶄露頭角、出類拔萃，非得發揮創造力展現獨特性，才能具有競爭力，甚或是想求基本的生存也是一樣，需要大力依賴創造力。

（三）國家實力：亟待充實與積極展現

從個體與工商企業組織的角度而言，要因應當代瞬息萬變與高度競爭的社會特性，以及滿足人類無盡需求與自我實現的習性，就要不斷

地創新、應變;而從更高層面即整個國家的角度來看,也是如此。在全世界如地球村的關係之下,如何與他國和諧相處又能競爭勝出、永續生存,是很重要的議題;職是之故,在國防、軍事、經濟、文化創意產業與教育上擁抱創造力,積極充實、繁榮興盛以展現國家實力,使他國既尊重且不敢小覷,就成為當代世界各國的重要政策。Piirto(2004)也明白指出,因國家競爭力的考量促使創造力受到普遍的重視。

三、創造力的功用!

筆者曾於其他著作論及創造力對個人層面的作用(周淑惠,1998,2002),而綜上所言,創造力是當代各國所提倡的政策,無論從個體層面或國家社會層面而言,都有其必要性,因此其具體功能含括個人層面與國家社會層面,如下所述。

(一)個人層面

創造力對於個人層面具有五項功用,說明如下。

1.滿足需求、舒便生活

從積極面向而言,人類的無止境需求可以透過各樣的創造性發明或商品予以滿足,而且取代人力勞動或腦力記憶,讓生活更加便利與舒適,例如:結合洗衣、脫水與烘乾一次完成的智慧型洗衣機,結合電腦、DVD、家庭劇院的影音娛樂智慧型系統,以及囊括上網、視訊、遊戲等多功能智慧型手機的創造發明等,都讓個體生活品質大幅提升與躍進。相對而言,若個體能於生活中運用創造力,也能為自己或周遭人帶來滿足需求與舒便生活的效果,如上述茵茵媽媽的迷你裙變內搭衫、牛仔褲變便當袋的創意作為。

2.解決問題、以利生存

　　無論在日常生活中或是在工作場合中，個人都難免面臨問題，尤其在當代瞬息萬變與高度競爭的社會中更是如此，而運用創造力則可化解許多難題或度過艱困階段得以存活，例如：科技工程師研發新奇、與眾不同的設計，成功拉回顧客眼光讓公司起死回生並且再度獲得公司青睞；經常被部門主管盯梢的員工，在部門飯局中故作疑惑地詢問公司最近所關注的發展重點，技巧地提醒主管使其暫時轉移於更急迫的工作目標，讓自己喘口氣再出發；再如運用回收物製作簡單家用物品以減省生活開支，製作創意餐點以解決子女偏食問題，都是運用創造力的大好例子。

3.加彩生活、實現自我

　　各種賞心悅目暨創意的藝術作品、表演或影視節目等，帶給人們多姿多采的生活與娛樂世界。再從創造力運用的心靈層次而言，創意變化在繁忙的生活中往往注入生氣與活力，如每日菜單的巧思變化、居家與辦公環境的創新裝飾、衣著配件的絕妙搭配等都帶給自己愉悅的情緒，也獲得他人的讚賞，並滿足自我實現與成就感，流露快樂、自信。而且有創意的人在個性上也是創意具有彈性的，能以不同角度的思考與變通的心態面對各種處境，自然易於快樂、自信，此即反映本書第四章所揭示「樂活創意」的精神。

4.提升知能、促進成長

　　從附加利益而言，創造力的運用可以促發個體追求專業成長，提升個人知能。展現創造力之先決條件是要具有開放的心胸並能接納新穎資訊，活在創意的生活氛圍中；並且也要對某一專業領域有一些知識基礎，方能有創意表現或產生創意成果，自然引發個體專業成長的追

求與知能的提升。

5.潤滑關係、增進和諧

　　創意的人能以不同角度思考與持變通心態面對各樣處境，通常是快樂、自信的，自然感染周遭的人；而且經常是幽默氣氛的製造者，可化解人際間的尷尬與緊張狀態，並積極促進人際間的和諧關係，例如：孩子小時候常調皮惹筆者生氣，當筆者說：「威威！你為什麼老是讓媽媽生氣？」威威回答筆者：「媽！不錯耶！妳都四十歲了，還是那麼地『生氣勃勃』！」這樣的回答讓瀕臨發脾氣的筆者，頓時笑了出來，化解了當時凝重的氣氛。

（二）國家社會層面

　　創造力對於國家社會層面具有三項功能，說明如下。

1.增進人群關係和諧

　　承上所述，創造力可以增進人際關係和諧，避免暴戾衝突，若社會中在心境上創意變通或具創意幽默個性的人愈多，則整個社會人際關係愈加和諧，人群與族群衝突必可日益減少。

2.促進社會繁榮進步

　　各種創造性成果如各類型電機用品、藝術作品、金融產業機制、文化創意產業、電訊運輸系統、學理理論或處世哲學等，無疑地對整個社會都是利多，不僅是生活舒便與優質、社會繁榮與進步，以及文化精緻與深度的強大推手，更是永續生存的利器。

3.提升國家競爭力與能見度

　　世界各國是一種既合作又競爭的關係，創造力能幫助各國展現國防與經濟實力以及社會繁榮景象，提升自己的競爭力與能見度，如台灣

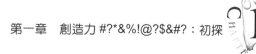

電腦科技業在全球的市占率表現優異，為我們在國際上爭取相當的能見度；又台北花博的各館各具主題與特色，不僅展現環保與永續生存的理念，也創意地結合數位科技與媒體，無異提升台北在全球的能見度。而運用創造力提升國家能見度最明顯的例子是 2010 年結束的上海世界博覽會，各國無不巧費心思利用現代科技與媒體，建構巧奪天工、爭奇鬥豔的展覽館形象與內涵，均在展現國力讓全球矚目，並且藉機爭取商機與合作。

CHAPTER 2 創造力大剖析：匯合理論浪潮

在 第一章已經初探創造力，對創造力有一些基礎的認識。本章則續探創造力，共分兩節：首先，從多元研究取向與分歧定義中揭示匯合觀點的趨勢，釐清創造力的意涵，並綜合各家觀點提出以「栽種盆花」為喻的創造力定義；其次，基於筆者此一匯合觀點的定義，剖析影響創造力表現或發揮的一些重要因素，以作為後續探討創造性教學的基礎。

第一節 創造力！究為何物？

本節首先論及自古以來多元的創造力研究取向與定義，次而介紹當前趨於匯合理論的研究取向與定義，最後筆者綜合歸納並揭示「栽種盆花」譬喻之創造力定義。

一、多元的創造力研究取向與定義

自古以來有關創造力的研究取向是非常多元的，誠如 Sternberg 與 Lubart（1999）在《創造力手冊》（*Handbook of Creativity*）中指出，創造力有諸多研究取向，從最早的「神秘取向」，歷經以訓練創造力為

旨的「實用取向」、研究潛意識的「心理動力取向」、以測量創造力為旨的「心理計量取向」、了解創造思考心理表徵與歷程的「認知取向」、視人格或社會文化為創造力來源的「社會／人格取向」，一直到近日須整合多種元素創造力才能發生的「匯合取向」。又 Mayer（1999）指出，自古以來創造力研究取向與典範含括心理計量、心理學、傳記、生物、計算、情境脈絡等派典。以上兩人有關創造力研究取向之派別、分類與用語似有些微出入，可見研究取向之多元面貌。

　　綜合這些不同的研究取向，可以發現在歷史上有關創造力的研究大致集中於以下四個焦點中的一個，即四個以 P 為開頭的英文字詞中的一個：人格特質（**Personality**）、歷程（**Process**）、產品（**Product**）、壓力或環境因素（**Press/Place**）（黃譯瑩，2003；葉玉珠，2006；Houtz, 2003; Shallcross, 1981）。而事實上，每位學者可能綜合不同的研究取向或焦點，例如：Gardner（1993）雖然探究七位大師的生活史，有興趣於其人格特質，但也提出類同於 Csikszentmihalyi 的創造力互動觀，指出創造力不僅受個體本身影響，也受個體工作與環境中其他人的影響。

　　人格特質取向者認為，創造力與先天的人格特質有關，具創造力者擁有不同於常人的人格特質，其研究著重於對具有創造力的人作人格特質的探究，如分析傳記，例如：上述 Gardner（1993）曾分析 Freud、Picasso、Einstein 等七位大師的生活史，發現創作者的人格特質通常展現自信、敏銳與非傳統思維，而且是勤奮努力又沉溺於工作者。歷程取向者認為創造力是一整段產生創造性想法與成品的過程，例如：Torrance（1988: 47）認為，創造力是「敏覺困難、問題、資訊不足或扭曲，對其作猜測與形成假設，評估與測試這些猜測與假設，作可能修正與再測，最後溝通結果的『歷程』」。其他諸如 Cropley（2001, 引自 Cropley & Urban, 2000）指出，創造歷程有七個階段：準備、訊息、醞

釀、豁朗、驗證、溝通與生效合法；Shallcross（1981）則指出，創造歷程含五個階段：確立方向、預備、發想、評估與付諸實施。

而產品取向者著重於創造的結果或成品，認為創造力是產生獨特與有價值產品的能力，例如：Sternberg 與 Lubart（1995）認為，創造力是一種產生兼具新奇、適當與高品質產品的能力；而以產品觀點進行研究的文獻在 1950 年代至 21 世紀前的創造力研究中，占了絕大部分（Mayer, 1999）。至於壓力或環境因素取向者著重於壓力或環境因素對於創造力表現的影響，例如：Csikszentmihalyi（1996）將創造力視為文化環境中的一個符號領域變遷歷程，指出創造力不只涉及個體因素而已，讓創造力彰顯的是社會環境，它必須是在一個文化規則內運作，而且創造的成果必須受社會或學門的評價，否則不會帶來新影響或變化。在另一方面，Maslow（1968）則認為，創造力是個體的本能，但是只有在心理上安全與自由的環境之下方能顯現，可見環境對於創造力表現確實有一定的影響力。

正因為以上研究取向與焦點的不同，對於創造力的定義自然不盡相同，非常殊歧，沒有普遍接受的定義或評量成果的標準（Houtz, 2003）。舉例而言，Torrance（1988）曾檢視各家創造力定義，發現有六個不同的類別，如以新穎為標準的定義、涉及歷程的定義、以心理能力為取向的定義等；又毛連塭等（2000）曾整理出約有八大類別之多的創造力定義，例如：創新未曾有的事物、一種生活方式、解決問題心理歷程、一種人格傾向、個人整體綜合表現等。

二、趨於匯合觀點的創造力研究取向與定義

近年來有關創造力的研究與定義多趨向多元觀點，認為創造力的發揮必須涉及多種元素間的互動，即所謂的「匯合理論」，例如：Feld-

man（1999）將創造力概念視為一多向度構念，創造性的成就代表這些向度間的交互作用或匯合，包括認知歷程、社會或情緒歷程、家庭成長、教育與準備、領域與學門特徵、社會或文化脈絡、歷史動力與趨勢等七個向度。又英國 NACCCE（1999, 引自 Craft, 2002: 137-138; Joubert, 2001: 18-21）指出：「創造力是一種目的在產生既原創又有價值成果的想像力活動」，它有五個概念：使用想像力、一個實作的程序、追求成果目的、原創的、判斷價值。NACCCE 這個定義至少涉及創造的個體、歷程與結果等多面向。其實上述 Gardner 與 Csikszent-mihalyi 的研究即視創造力為多元綜合觀點。以下詳述數個匯合理論觀點，以窺知創造力的本質與定義。

（一）Amabile 創造力表現成分模式
（The Componential Framework of Creativity）

Amabile（1989）指出，創造力匯合內在動機、領域相關知能與創造力相關技能三項成分。她關注創造力的成果表現，曾以「煲湯」來譬喻創造的歷程——要煮出一鍋好湯，首先湯鍋中一定要有好食材，然後加上各種調味料，當然還要有好的火候，才能煮出一鍋好湯。亦即創造力有三個基本成分：領域技能、創造思考與工作技能，以及內在動機，食材是譬喻領域技能，調味料譬喻創造思考與工作技能，火候譬喻內在動機（如圖 2-1 所示）；換言之，要創造好作品（煮出好湯）一定是個體具備內在動機（火候），並在某個領域有一些技能（食材），然後運用創造思考與工作技能（調味）去完成它。而這個煲湯譬喻的三個成分或多或少取決於外在或環境因素，如領域相關技能取決於正式與非正式教育，工作動機取決於有無外在環境之限制（如圖 2-2 所示）等。

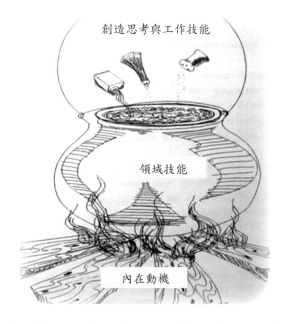

圖 2-1　Amabile 創造力成分圖：煲湯譬喻

資料來源：引自 Amabile（1989: 46）

1 領域相關技能	2 創造力相關技能	3 工作動機
包括： ＊相關領域知識 ＊技術技能要求 ＊特殊領域相關才能 取決於： ＊先天之認知能力 ＊先天之知覺與動作技能 ＊正式與非正式教育	包括： ＊適當之認知風格 ＊產生新奇想法的隱性與 　顯性知識 ＊有利之工作風格 取決於： ＊訓練 ＊產生想法之經驗 ＊個性特質	包括： ＊對任務之態度 ＊對擔任任務自我動機之 　知覺 取決於： ＊對任務內在動機之起始 　層次 ＊顯著外在限制之有無 ＊在認知上減低外在限制 　之能力

圖 2-2　Amabile 創造力表現成分圖

資料來源：引自 Amabile（1996: 84）

其後，Amabile（1996）將此創造力表現的三項成分演繹得更完整，更新了部分內涵，揭示創造力的「社會心理學架構」，更加確立社會環境對創造力表現的影響力（如圖 2-3 所示）。圖上方的五點：確認問題或工作、準備、產生反應、測試反應與溝通、成果，顯示創造歷程的五個順序步驟；圖下方的三項：工作動機、領域相關技能與創造力相關程序，代表影響創造力表現的個人因素，其中工作動機深受正向與負向社會環境的影響；至於虛線部分代表某一因素對其他因素

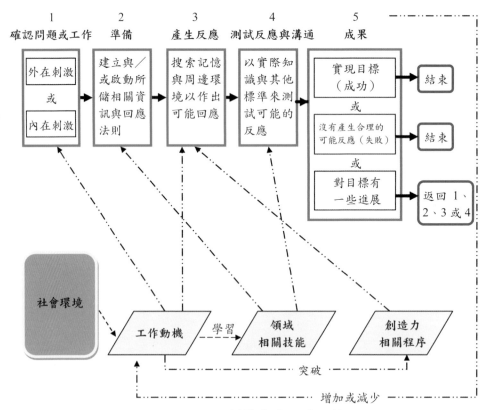

圖 2-3　Amabile 創造力表現成分修正圖

資料來源：引自 Amabile（1996: 113）

的影響。而主要更新的部分包括三成分之一的創造力相關技能修改為「創造力相關程序」，因為個人特質不宜稱為技能；還有五個創造步驟之一的呈現工作改為「確認問題或工作」，以顯示問題可能源自個體與外人；以及另一個測試反應步驟則改為「測試反應與溝通」，旨在配合其創造力定義（創造力之運作需產生產品、想法並以一些方式設法溝通創造的結果）。而最大的更新在於圖形上明示社會環境對工作動機的直接影響，進而影響整個創造歷程；其次是明顯包括創思五個過程，將代表批判思考的「測試可能反應」納入歷程中。

　　從 Amabile 創造力表現成分模式可以看出，創造力的運作需要個體具有一些創造的個人成分，這些成分直接、間接受社會環境影響，並且歷經一定創造步驟，最後才產生成果，基本上它是匯合個人、歷程、環境與成果多種因素的。當個體的三種創造成分重疊度最大時，也就是個體的領域相關技能、強烈的內在動機與創造思考程序愈交集時，創造力將會達最佳狀態。又這個模式非常強調動機的角色，尤其是內在動機，在綜合許多理論與實徵研究後，更加確信「喜愛個人的工作」的內在工作動機對創造力是絕對有利的（Collins & Amabile, 1999）。

（二）Urban 創造力成分模式（The Componential Model of Creativity）

　　Urban（2007; Cropley & Urban, 2000; Urban, 1990, 引自 Cropley, 2001）也提出創造力成分模式（如圖 2-4 所示），認為創造力的發揮需要個體的六個成分共同運作，這六個成分可分兩類：一類是認知成分，另一類是人格成分。第一類認知成分有三項（圖 2-4 上半部）：擴散思考與行動、一般知識與思考基礎、特定領域知識基礎與特殊技能，其中前兩項成分間的動態平衡讓創造歷程可以繼續前進；也就是擴散思考與行動產生許多想法與初步成品，一般知識與思考基礎則分析與評估這

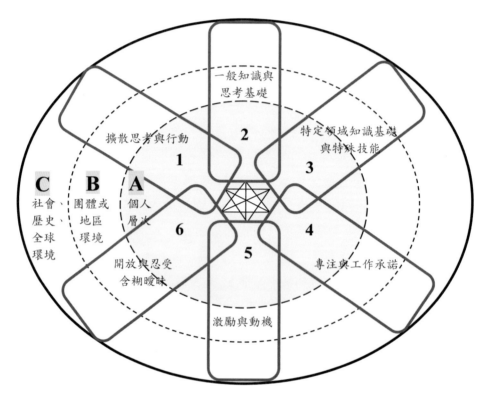

圖 2-4　Urban 創造力成分模式圖

資料來源：引自 Urban（2007: 171）

些想法與成品，讓創意可以精進改善。第二類人格成分也有三項成分
（圖 2-4 下半部）：開放與忍受含糊曖昧、激勵與動機、專注與工作承
諾。而每一個主要成分都各有其次要成分，例如：擴散思考與行動包
含精進力、原創力、遠端連結、重組與再定義、變通力、流暢力、問
題敏感力等；激勵與動機包含新奇的需求、好奇與知識的驅動力、自
我成就、心流經驗（flow experience）、奉獻與責任等。次要成分間則
彼此形成一個互動、相互依存的系統，亦即每一個次成分是其他成分
的先備條件，同時也是其他成分的必然結果，例如：具備開放與忍受

模糊中的「冒險」次成分，才能做到擴散思考與行動次成分中的「遠端連結」以及變通與流暢的試驗。而以上這六項成分與其次成分在各層級環境架構內共同為創造歷程效力，也就是說，成分運作系統機制取決於諸多環境系統是否限制或激發個體，環境對個體的創造歷程是有影響作用的。

　　至於環境有三個不同但交互影響的層面，一為個人環境層面，為個體的直接情境與物質環境，二為團體或地區環境層面，為家庭、同儕團體、學校、地區教育系統（小環境），三為涉及文化、政治、科學條件的社會、歷史、全球環境層面（大環境與後設環境），三者對於個體創造力的運作皆有影響。換言之，個人是在各層級環境中運作其創造力，而且在創造歷程中，六項成分與其次成分共同擔當產生創意成品的工作，沒有一項元素是足以獨立擔當產生創意成品的創造任務的。此一模式亦彰顯創造力的發揮是需要多種因素相互配合與作用，包含個體、歷程、環境等面向。

（三）Sternberg 創造力投資理論

（The Investment Theory of Creativity）

　　Sternberg（2006a, 2007; Sternberg & Lubart, 1995, 1999）認為，投資理論是了解創造力本質的好方法，他借用股市投資買賣概念，指出創意的人是那些在想法間願意且能「買低賣高」的人，這種人通常追求無名或不受歡迎但卻有發展潛能的想法（買低），然而在此想法被看好時就脫手賣出（賣高），轉而追求另一個新的或不受歡迎的想法。雖然創意人願意、也能夠在想法間買低賣高，但還是需要六個明顯不同卻彼此相關的資源匯合。

1.智慧

　　智慧包含三項技能：綜合、分析與落實。綜合是指以新方式看待問題並跳離傳統思考限制；分析乃指看出自己的哪一個想法值得追求，並進而修改精進之；情境落實技巧係指知道如何說服他人或賣給他人自己想法的價值。這三種技能要匯合且相互搭配運用，獨有分析技能無法產生創意思考；獨有綜合技能無法改進想法並促其可行；獨有情境落實技巧可能會發生社會接受這個想法，並不是因為想法良好，而是因為想法被有力呈現的現象。

2.知識

　　要創造，必須有適量的正式知識與非正式知識（經驗），沒有一些知識基礎，很難創造發明，亦即知識是創造的基本門檻；然而過量的知識反而會產生封閉與限制的想法，有礙創造力的發揮。

3.思考型態

　　思考型態是一個人運用技能的偏好方式，它是一種如何採用個人可用資源的決定；而立法型的思考型態對創造力特別重要，這種型態的人偏好思考與決意運用新方式去思考。

4.人格特質

　　創造思考要能運作，必須具備一些重要的人格特質，如願意與堅持克服障礙、願意冒險、願意忍受含糊曖昧的狀態、強調自我效能如接受新經驗與願意成長、對自我有信心等。特別重要的是，要能買低賣高一定要反對窠臼、不隨從群眾，在言行上充分表現創意。

5.動機

　　源自個人內在、以工作為焦點的動機對創造力很重要，也就是當人

們真正喜歡他們所從事之事，且焦點在工作本身而非潛在報酬時，比較能做出有創造力的表現。

6.環境

外在環境必須是支持與獎勵創意想法的，個人也許擁有以上所有的內在資源可作創意思考，但是如果沒有環境上的支持，其創造力可能永遠無法表現出來。不過環境的影響也取決於個人如何看待與回應環境，有人會受到不利環境的影響，阻擾其創意產出，有人則不然。

Sternberg 指出，所謂匯合並非僅是個人所擁有的這六項資源的總數，這六項資源間是互動的、相互配合的，每一種都要用得恰當。有些資源有最低門檻如知識，若低於門檻，不管其他資源如何，創造力就無法運作；且資源間有部分互補作用，某一強項資源（如動機）可以補償某一弱項資源（如環境）；又資源間具互動加乘效果，如智慧與動機都很強的話，就會大大強化創造力的表現。此外，Sternberg（2006a）根據投資理論還特別指出，創造力大大取決於「個人作決定」，第一步決定就是要產生新想法，接著分析這些想法，然後賣給別人再追求另一新穎想法；也就是個人必須決定是否與如何運用他的綜合、分析與落實能力於涉及創造力的問題上。具體言之，有些人可能會決定跟隨他人想法而不運用自己的綜合思考能力，有些人可能決定不分析與評估自己的想法，而有些人可能決定不去說服他人這個主意的價值。當然個人擁有資源的質量層次會有個別差異，不過通常決定運用資源比擁有資源多寡更為重要。簡言之，個人的動機意願在創造歷程中扮演重要角色，而意願動機又與人格特質有關。

（四）Treffinger COCO 模式

Treffinger（2003）指出，創造生產源自於四個重要成分，可以用

COCO 模式加以組織呈現（如圖 2-5 所示），COCO 四項成分是：人們的特質（**C**haracteristics of people）、所施展的運作（**O**perations they per-form）、在他們的情境中（within their **C**ontext），與產生成果（result-ing in **O**utcomes）。

圖 2-5　Treffinger COCO 模式圖

資料來源：引自 Treffinger（2003：64）

　　特質（C）是指人們擁有的認知能力、人格特質、內在動機、學習型態、心理型態與創意型態等；運作（O）乃指人們為了產生或分析想法、解決問題、作決定與管理思考所採用的策略與技巧；情境（C）是指個人或團體必須運作於其內的物理環境、資源與限制等，包含廣大穩定的文化影響、較特定與立即影響的機構組織氣候、人際影響力與技巧（組織動力、溝通技巧，與合作技巧）等；而成果（O）係指人們歷經努力所獲得的產出結果。COCO 模式也顯示創造力的運作是涉及個人、歷程、成果、環境多種要素間的匯合與互動的。

（五）Csikszentmihalyi 創造力系統觀
（The Systems View of Creativity）

　　Csikszentmihalyi（1990, 1999）指出，創造力涉及個體心理歷程，也關乎社會與文化事件，要解釋創造力現象，外在於個人的變項必須考量，尤其是社會的評斷。此一系統觀認為創造力是只有在個體、領域知識與學門三者互動交集時，才可以被觀察的一個歷程，也就是說創造力是「個體」、「領域」與「學門」三者間的交互作用與交集。其

後，Csikszentmihalyi 與 Wolfe（2000）將創造力系統觀描繪得更完整，如圖 2-6 所示。

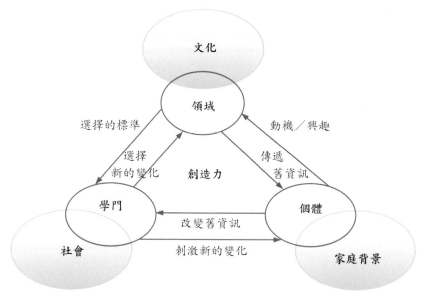

圖 2-6　Csikszentmihalyi 與 Wolfe 創造力系統觀圖

資料來源：引自 Csikszentmihalyi & Wolfe（2000: 84）

　　「個體」是指個人背景與遺傳因素；「領域知識」如數學、音樂、物理等共同組成文化，文化或符號是一組相關的領域知識系統；「學門」則是由在一既定領域中工作與有權改變既定領域的個人所組成的社會性結構，如領域中的專家、有成就人士等，社會是指在一既定時空下運作的所有學門的總和。創造力若要產生，個體必先接觸與學習領域知識，也就是領域知識中的規則與實務必須傳遞到個體，然後個體才能產生領域內容的新穎改變；而這個改變必須被領域中的社會性組織──學門評價與選擇，並納入領域知識中，才會在領域知識中形成波瀾與變化。這個系統觀點充分顯示創造力是個體、領域與學門三者間的交互作用與交集，也凸顯學門有如「守門人」角色般是篩選創

意的機制，經其認可，創意才有價值性。

　　進一步就個體的創造歷程而論，在個體能產生創意前，必先接觸與學習領域知識與規則，並願意按其規則行事，以及知曉學門的意見，這隱含了「內在動機」的重要性，起碼個體願意花時間於成長與充實自己。其次這個模式也強調「個體因素」在創造歷程的重要，比較可能創新的人都傾向具有打破規則的人格特質，以及一些擴散思考與尋找問題的特質；最後有能力去說服學門有關自己所產創意的價值性，以及一些個人特質如讓人理解的表達能力、接觸學門的機會、人脈網絡等，都對創造歷程有利。

　　Csikszentmihalyi（1996）還特別指出，創意個體最明顯的特質是：經常好奇，對周遭所發生事物具高度興趣，並享受忘了自我與時間、心思高度專注的「心流經驗」（flow experience），也就是這樣才會深入浸淫在一個領域中並能改變它；換言之，創意人是受到工作本身內在激勵的，無須等待外在獎賞或認同。他指出創意人十種複雜的人格特質：有很大量精力也很常處於安靜充電狀態、很聰明也很天真孩子氣、嬉戲態度與紀律並存、在想像與現實間流轉、時而外向時而內向、同時兼具謙卑與自傲、不具絕對性別角色（男性有女性特質或女性有男性特質）、反叛與保守並存、對工作熱情喜愛卻也保持客觀、處於創造的痛苦中但也有很大的享受。

　　綜而言之，此一創造力系統觀基本上是認同創造力的運作是涉及多項因素的，特別強調創造過程不只涉及個體因素而已，創造歷程是與社會或學門的認同無法分離的，個體所創造的新想法與作品必須經由領域中的守門人認可。簡言之，除非創造力是在一個文化規則內運作，否則不會被認同；除非創造結果能受到同僚支持，否則不會帶來新影響或變化。即讓創造力彰顯的是社會，而非個人（Csikszentmihalyi, 1999）。

（六）Gardner 創造力互動觀點

　　Gardner（1993）根據上述 Csikszentmihalyi 的創造力系統理論，提出「創造力互動觀」，強調創造力受個體（individual）、個人工作（the work）、其他個體（other persons）三者間互動的影響；也就是所有的創造力活動或有創造力之個體的發展是基於這三個要素間的互動關係，如個體與他所進行工作間的關係，以及個體與其他人之間的連結關係。進而言之，有創造力的「個體」是一個經常解決問題、產生產品或是在特定領域中定義新問題者；「他人」在童年時期是指家庭與同儕，在成年時是指學門中的競爭對手、評判者與支持者；個人「工作」的方案或對象是指領域知識或學科的相關符號系統。有創造力的個體在其所進行的工作中耕耘，最後導致領域知識之修改；而在他周遭世界的其他個體如家庭成員、老師及支持者所扮演的角色是很重要的，能影響創意個體突破發展（如圖 2-7 所示）。此一模式也顯示創造力的運作涉及多種因素的匯合與互動。

　　Gardner 並以此架構探究與分析 Freud、Picasso、Einstein 等七位大師的生活史，發現創作者的人格特質與動機流露自信、敏銳、非傳統思維、勤奮工作、沉溺於工作等風貌；在專業領域方面多涉及解決特定

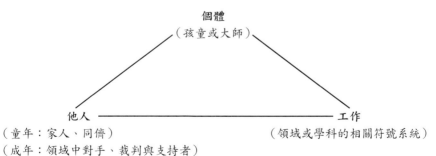

圖 2-7　Gardner 創造力互動觀點圖

資料來源：引自 Gardner（1993: 9）

問題、提出一概念架構、產生成果、具有風格的表現、為完成理想願
意高度冒險等五種類型活動。

(七) Piirto 才能發展金字塔（Pyramid of Talent Development）

Piirto（2004）認為，其所提出的才能發展金字塔是一個考量四 P
（個體人格特質、歷程、產品與環境）的創造力情境模式，匯合多項
要素。在金字塔內有基因為底，塔體含情緒面向（人格）、認知面向
（智能），與特殊領域才能；而在金字塔外有五個太陽代表環境，三
個比較大的是學校、家庭、社區與文化，兩個比較小的是機運與性別
（如圖 2-8 所示）。

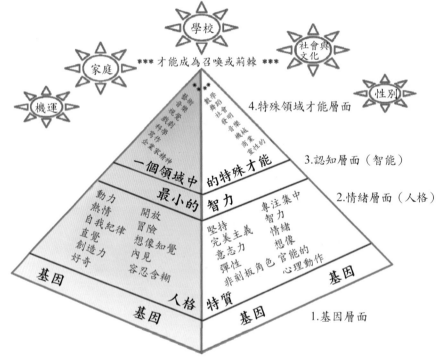

圖 2-8　Piirto 才能發展金字塔圖

資料來源：引自 Piirto（2004: 137）

整個模式的重點為：(1)所有人類的特質都有基因的成分；(2)成功的創造者都有一些共通的人格特質，如熱情、想像力、願意冒險、忍受含糊、堅持等；(3)為實現才能，人格特質比智力還重要；(4)才能顯現在許多領域，每個領域都有在該領域中卓越出名的方式；(5)環境因素如家庭、學校、社區、文化、機運、性別都影響創造力，並可能決定個人的才能是否發展；(6)多數才能可以藉由孩提時代行為的預測加以確認；(7)機運因素有時可以被操作，以幫助某人在對的時刻與地方表現才能；(8)單有才能不足以成事，個體還需歷經披荊斬棘狀態，以及引發承諾於工作的熱情或召喚。

（八）Tegano、Moran 與 Sawyers 幼兒創意潛能發展生態模式（Developmental Ecological Model of Creative Potential in Young Children）

Tegano、Moran 與 Sawyers（1991）曾提出一幼兒創意潛能的發展生態模式，這個模式中的各項因素關係是交互動態並受情境引導影響的，個人特質（生理、認知與人格）與環境因素（文化與情境）在創造力發展上都扮演著一部分角色。又個體的人格、認知、文化或生理等變項，均可能會依當下特殊情境而有不同的表現；換言之，在幼兒教室中所安排與發生的所有事務如遊戲的機會、教師的行為、外在限制等，確實會對創造力的發展形成一定程度的影響，所以幼兒時期的教育占舉足輕重的地位，幼兒創造性教學要特別考量這些情境要素（如圖 2-9 所示）。基本上這個模式也是匯合個體人格特質、環境、產品、歷程等多項因素的。

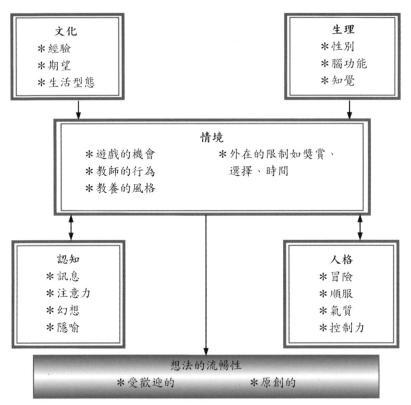

圖 2-9　Tegano、Moran 與 Sawyers 幼兒創意潛能發展生態模式圖

資料來源：引自 Tegano 等人（1991）

（九）葉玉珠創造力發展生態系統模式

　　國內學者葉玉珠（2006：27）綜合各家創造力與模式，提出創造力定義為：「個體在特定領域中，產生一個在所處社會文化脈絡中具有『原創性』與『價值性』產品的歷程；也就是創造性產品是個體的知識、意向、技巧與環境互動的結果。」基本上，這一個定義也含個體人格特質、歷程、環境與產品四 P 多向度。她並且借用 Bronfenbrenner 生態系統論，提出「創造力發展的生態系統模式」，說明創造力是在

一個多面向複雜體系的互動中產生；小系統意指個體天生與後天的特質，如知識、經驗、智能、意向、技巧或能力等，中系統是指家庭與學校環境，外系統含括與個體工作有關的組織環境，大系統涵蓋個體所處社會的文化、習俗、社會價值觀與社會期望等（如圖 2-10 所示）。此外她也借用 Wallas（1926, 引自葉玉珠，2006）所提出四個創造歷程：準備、醞釀、頓悟與評估，說明創造力發展的生態系統與創造思考歷程間的互動關係。

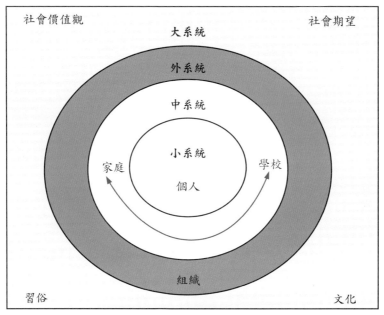

圖 2-10　葉玉珠創造力發展生態系統圖

資料來源：引自葉玉珠（2006：29）

三、小結：「栽種盆花」譬喻的創造力定義

綜合上述，各個理論或模式雖呈現架構不同，但實大同小異，均指

出創造力的發揮涉及多元面向，不僅必須具有一些基本的個人知能與特質，也涉及一段產生與評估想法的創造歷程，並且是在環境中運作，必須有外在環境的配合或認同，才能產生創意產成品或成果，基本上是含涉所謂的「四 P」向度，其運作實匯集多項因素間的互動。因此本書將創造力定義為：「具有領域知能、創造能力及人格特質的『個體』，在支持暨挑戰的『環境』中，歷經產生、評選與修正想法的解決問題實作『過程』，獲致新穎獨特與有價值的『表現或作品』。」在此以「栽種盆花」譬喻此一創造力定義（如圖2-11所示），它不僅強調創造力的發揮必須匯合四P多項因素，而且周延、具體與容

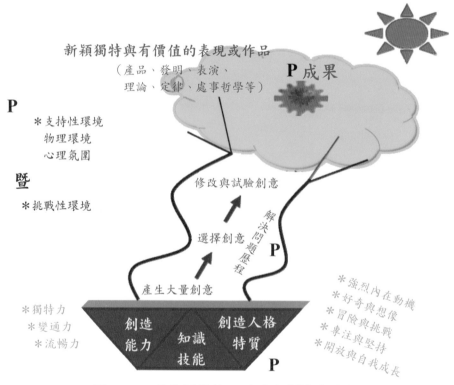

圖 2-11 「栽種盆花」譬喻之創造力定義圖

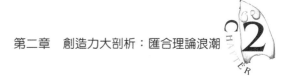

易理解。

　　首先在花盆中栽種植物時，花盆裡需要有種苗與培養土壤——特定知識與技能、創造能力與人格特質，並且花盆必須放在具有陽光、空氣與水的環境裡；雖然陽光、空氣與水是大自然中植物生長的要素，它們支持了植物的生長，但也相對地對植物造成相當大的挑戰，因為過多、過少的陽光、空氣或水對植物都是不利的，尤其是在鄉野園林中。其次，這盆栽必須種植一段時間，這期間要不斷拔除野草、除蟲、摘去老葉、搭支架支撐等以解決各種栽種上的問題，而植物本身的種類與特性如向陽性、耐旱性、強韌生命力等，也會為自己製造生機；最後才能開花結果：產生新穎獨特與有價值的表現或作品。此一栽種盆花譬喻的定義充分顯示以上所指四 P 要素與作用，將於下節申論之。

第二節 創造力！影響因素？

　　本節延伸上節栽種盆花譬喻且具匯合觀點之創造力定義，深入闡述之，據以歸納影響個體創造力表現或發揮之要素，並具體說明之。

一、「栽種盆花」創造力定義之闡述

　　栽種盆花在盆子裡需要種苗、土壤，以及周遭陽光、空氣與水的支持暨挑戰環境，並經生長與實際照料的歷程，最後才會開花或結果；猶如個體欲有創造性成果表現，必須具備相當知能與特質，並在支持暨挑戰合宜搭配的環境下，歷經一段解決問題的創造實作歷程，最後才能實現。以下分析與說明此一創造力定義。

（一）個體知能與特質：花盆中栽種成分

　　植有種苗的花盆裡（內含種苗與培養土壤）充滿生機與可能性，是盆栽生長暨開花結果的必要基礎，猶如個體要有創造表現，必先具有一些基本條件──特定領域知識與技能、創造能力以及創造人格特質，即圖 2-11 底部花盆中的三項重要成分。首先，個體要創造發明，一定要在特定領域有一些知能，它是創造發明的基礎（花盆中第一項重要成分），沒有知識與技能，期待創造力產出（開花結果），是根本不可能，例如：想要在音樂方面有創造力表現，個體一定要在音樂知識上如音符、節奏等有一些基礎認識，並具備簡單或入門的彈奏技巧，才可能有創造性的音樂作品。此一立論呼應 Sternberg（2006b）在《創造力國際手冊》所指：目前學術界對創造力的共通看法之一為，發揮創意涉及一些領域普及元素，但是一個人要先在特定領域內發展

知識與技能，方能在該領域有所創意貢獻；Boden（2001）也指出創造力是緊緊立足於知識基礎的，知識與創造力的關係猶如一個銅板的兩面般。而上節諸多理論或模式也多提及特定領域知能是創造力運作之重要成分，例如：Amabile、Urban、Sternberg、Piirto、Csikszentmihalyi、葉玉珠等人。

其次，個體要創造發明，也一定要具有創造能力，它也是創造發明的基礎（花盆中第二項重要成分），沒有創造能力，期待創造性產出（開花結果），同樣也是不可能。創造能力包括流暢力、變通力與獨特力等產生大量想法的「擴散思考」能力（花盆左方），以及選擇、修改、精進創意的「批判思考」能力（顯示在花盆上方生長歷程之枝幹生長處）；亦即創造思考能力必須包含產生大量創意以供選擇，以及修改創意以精進想法的能力（饒見維，2005；Guilford, 1986）。而上節諸多匯合理論或模式或多或少均提及含括擴散與批判思考兩種能力的創造力運作，例如：Sternberg 提出的智慧包含三種能力：一是與擴散思考接近的綜合能力；二是評估自我想法的分析能力；三是說服想法價值的情境落實能力；Csikszentmihalyi 的擴散思考、知曉學門評斷意見並願按其規則行事、溝通其創意價值的能力等；Urban 的擴散思考與行動，以及一般知識與思考基礎（批判思考）；Amabile 的創造力相關程序（如產生新奇想法的知識、有利之工作風格等），以及測試反應（批判思考）與溝通程序。

所謂擴散思考能力，根據 Guilford（1986），意指為滿足某一特定需要，產生許多可供選擇的想法，也就是想法能往四面八方蔓延、不受限制，能產生各類諸多想法的能力。它主要包括對情境中問題的敏感與覺察力、形成大量想法的流暢能力、想法新奇非比尋常的獨特能力、思維靈活彈性的變通能力，以及涉及意義、功能轉換與靈活變通有關的再定義能力（redefinitions）。因再定義能力與彈性變通力有關，

敏覺力與人格特質中的想像亦有關聯，而獨特力是獨創與人不同，易於理解，故此處僅說明流暢力與變通力。

　　「流暢力」是指在一定時間內產生創造性想法的「數量」；「變通力」是指在一定期間內產生創造性想法的「類別」，它涉及脫離慣性、重新解釋訊息與從心理自發轉換類別等（陳龍安，2006；Guilford，1986），例如：當被問及在影印房回收的 A4 紙可以作何用途？如果答案是可以摺紙球、摺紙鶴、摺紙船、摺紙青蛙、摺紙扇、摺紙盒等摺紙此一類別外，還有不同類別如撕成長條加以編織（當手提袋）、以整張紙搖甩擊打（當樂器）、揉成數團塞入包裹內（防碰撞用）、撕碎作天女散花狀（當道具）、撕成長條捲成圈狀並連成數條長鏈（當門簾）、黏接數張成戲服（當戲服）、作為生火燃燒物用……這就代表「變通力」，類別愈多，變通力分數愈高。而以上答案的數量總和代表流暢力分數，數量愈多流暢力分數愈高。

　　綜言之，創造能力包含擴散思考能力——獨特力、流暢力與變通力，以及屬批判思考範疇的精進力，Williams（1972，引自陳龍安，2006）也指出，流暢、獨特、變通與精進四項能力是認知上的重要創造能力。

　　花盆中的第三項重要成分是創造的人格特質，個體要創造發明尚需具有創造人格特質，它也是創造發明的基礎，沒有創造人格特質卻期待創造性產出（開花結果），則極為困難。筆者綜合文獻歸納創造性人格包括五大項特質：(1)具好奇心與想像力；(2)具對工作專注，與願意克服障礙、容忍晦暗不清的「堅持心」；(3)具冒險與挑戰精神，以試圖突破限制或規則；(4)具開放的彈性心靈與願意自我成長等；而最重要的是促動創造發明之舉的(5)強烈內在動機。上節諸多理論或模式或多或少也提及創造的人格特質，尤其是內在動機，例如：Amabile 創造力表現成分模式、Piirto 才能發展金字塔、Sternberg 投資理論、Csiks-

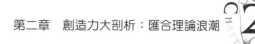

zentmihalyi 系統觀、Urban 創造力成分模式等。Piirto 甚至指出人格特質比智力還重要。

（二）個體外在環境：陽光、空氣與水等支持暨挑戰環境

　　花盆中除有種苗與土壤外，還必須放置於陽光、空氣與水分充足且合宜調配的自然環境中才能茁壯生長，圖 2-11 盆栽的外圍大 U 形曲線即代表籠罩在盆栽周遭的自然環境。現實中，在充滿陽光、空氣、水有利生長的戶外環境下的盆栽，同時也充滿挑戰性，例如：豔炙的陽光、過量的雨水、乾旱的氣候，或必須與其他植栽競相爭取向陽等；雖然盆栽自身的品種與特性有利面對挑戰，例如：向陽性、肥厚儲水的葉片構造、強韌生命力等，最重要的是盆栽主人必須調配得宜，提供合宜生長的支持條件，例如：視天候狀況勤於移入移出室外、分散置放、倒掉多餘水分、合理的澆水等，才可讓盆栽盎然生長。猶如個體具有領域知識與技能、創造能力以及創造人格特質外，還須處於合宜搭配的人為支持暨挑戰環境中，才能創造近側發展區，激發潛能讓創造力充分發揮。

　　以上幾個匯合理論或模式或多或少也都提及，近於個人周遭小社會如家庭、學校，以及遠及整個大社會文化或學門認可等外在環境，對個體與創造歷程的影響作用，例如：Piirto 才能發展金字塔、Csikszentmihalyi 系統觀、Urban 成分模式、葉玉珠生態系統模式等皆是。

（三）個體創造歷程：生長與實際照料過程

　　盆栽必須種植一段時間，方能開花結果，而在這生長期間要不斷移入移出以調配合宜的陽光、空氣與水，而且也要去除野草、澆肥除蟲、搭支架、摘去多餘枝幹與老葉、甚或套袋等；最基本的是植栽本身也要努力爭取向陽、儲存養分、脫去老舊枝葉等，以解決各種不利

生長的問題並支持開花結果，最後才能獲致有品質的花果。可以說植栽的生長歷程是漫長且受環境考驗的，取決於自身的生命力與外在盆栽主人的實際照料；猶如富有領域知能、創造能力以及創造人格特質的個體，於環境中創作，必須歷經一段期間，從萌發想法開始到產出成果表現為止，可以說是一個解決手邊問題的實際操作歷程。在這段創造歷程中，個體必須秉持知能，面對問題與困境，忍受渾沌不明狀態，且須鍥而不舍地往目標堅持前進，再加上合宜調配的人為支持暨挑戰環境，才會有創意表現與產出。因此筆者在圖 2-11 中以枝幹生長的曲折弧線代表不斷解決問題的創造實作歷程，它刻畫出歷經風霜困境與歲月痕跡。簡言之，個體的創造歷程取決於自身的條件外，尚與外在環境有關。

而在創造的實作過程中，首先涉及產生大量創意的擴散思考，其次也涉及精練與提升成果品質的批判思考或邏輯思考，猶如植栽也會自行脫去老葉以支持開花結果。上節諸多理論或模式充分顯現此一包含批判、精進的創造歷程，舉批判思考為例，例如：Amabile 創造力成分模式的「測試反應」程序，Urban 創造力六項成分之一的「一般知識與思考基礎」，Sternberg 智慧中的「分析能力」，葉玉珠借用 Wallace 創造歷程中的「評估」，均是論及精練產品品質的批判性思考與歷程。

（四）個體創造成果：栽種後開花或結果

最後花盆中的植栽開花結果，無論是花或果都要獨特不同與好品味、有價值，才能惹人注意、競相採食或欣賞。「新穎獨特與有價值的表現或作品」是創造力發揮的極致，無論是推陳出新或始於無中生有，最後的表現都是要新穎獨特與有價值的。有價值的是指合宜、有用的，基本上它不僅是有效用的、達到實用目的的，例如：可以解決

問題帶來方便、實用性的當代科技產品，而且還要合宜、符合人性的，亦即具倫理的，因此第一章所提毀人滅屍的新穎生化武器或其他類別的毀滅性武器，雖可解決某些問題，但是卻帶來不符倫理與非人性結果，甚或整個人類的不幸，筆者以為應不屬有價值的創意產品。新穎獨特與有價值的成果已為學界所接受，例如：Sternberg 與 Lubart（1995）提出新穎、恰當、高品質，Cropley（2001）提出新奇、有效性與倫理性，Csikszentmihalyi 與 Wolfe（2000）提出有價值與原創的。而新穎與有價值的成果可以是具體有形、可感受的作品（產品），如電器、樂章、戲劇、雕塑等，也可以是形而上的理論、定律、人生哲學等；又它也有可能是行為表現，如幽默創意的笑話、有哲思或氣度的行為等。

二、創造力表現之影響因素

　　由以上「栽種盆花」譬喻之創造力定義與分析可以清楚看出，花盆中的種苗與土壤質素，周遭環境陽光、空氣與水的搭配狀況，以及整個實際生長與照料歷程三大因素，對於盆栽得以成長並開花結果均非常重要；猶如個人知能、創造能力與特質，周遭支持暨挑戰性環境，以及解決問題的創造實作歷程，對於個體發揮創造力、產生創造性成果，是極大的影響因素般。圖 2-12 創造力發揮三大因素圖中，底座的梯形代表原栽種盆花譬喻中的花盆內容物，含個人知識與技能、創造能力以及創造人格特質的個體三要素，上面的兩個三角形各代表另外兩個重要因素：個體外在環境與創造實作歷程。這三大因素必須相互配搭得當，個體才能充分展現創造力，產出創意成果。本書為創造性教學，期望在教師的創意下，也能提升孩子的創造力，因此以下從正向角度論述如何將這些影響因素化為有利個體創造力表現或發揮的狀態。

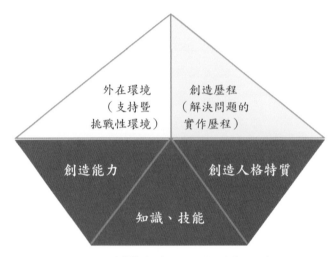

圖 2-12　創造力表現三大影響因素圖

（一）個體知能與特質因素

　　個體的發展是先天遺傳與後天環境的交互作用結果，當代學者多半認同個人的創造能力、特定領域知能與人格特質有部分來自先天，也有部分是來自於後天的培育；誠如 Sternberg（2006b）在《創造力國際手冊》之緒論中指出，目前學界對於創造力的共通看法之一是，創造力至少在有些程度上是可發展的，換言之，個體的先天遺傳固然或多或少影響我們的創造力表現，但是後天的培育與強化對個體的創造力也有一定的影響。

　　Sternberg（2006a）指出，創造力大大取決於個人是否願意「作決定」運用他的綜合、分析與落實能力去產生、評估與落實想法；又有創意的人並非具有與生俱來的特質，而是一種對生活的態度，他們通常是以新鮮、新奇的方式回應問題，所以創造力是一種習慣、生活態度（Sternberg, 2007），也就是把「買低賣高」當成一種習慣，有創意地過活（Sternberg & Lubart, 1995）。Piirto（2004）也指出有創意的人是

刻意學習而來的，他們學著以天真觀點看待周遭世界。在另一方面，影響創造思考最大的障礙之一是個人內在心理因素——心障（Shall-cross, 1981），例如：將外在因素當藉口、習慣性使然、想當然爾自我設限、缺乏自信、害怕冒險、自滿於現狀等（周淑惠，1998；Shall-cross, 1981）；此外，諸多理論或模式多強調喜愛工作的內在動機是創造力發揮的驅動力，因此，個體要找出自己的領域興趣，充實該方面的知能，以體驗 Csikszentmihalyi 所指之專注於工作、高度忘我之「心流經驗」。

以上在在都顯示個體是否有意願付出，在創造知能的獲取與創造特質的涵養上，甚至是實質創意表現上，均占關鍵地位。無疑地，我們可以透過創造力訓練課程與練習增進創造能力，如流暢力、變通力與獨創力（Guilford, 1986）；也可以大量汲取特定領域知識與技能；更可以自我強化與創意表現有關的人格特質，如冒險與挑戰、專注與堅持、開放與成長、強烈動機等。總之，個體要表現創造力，一定要付出心力，設法增長自己的領域知識與創造能力，儘量破除心魔或心障，將創造力視為習慣，努力活出創造性的人格特質。本書第四章即在論述如何樂活於創意之中，並介紹強化創造力的技法或訓練方案，期望對讀者有所裨益。

（二）個體創造歷程因素

創造的歷程從確立問題開始，歷經發想、評估，到定案實施，是一個解決問題的實作歷程，例如：Amabile（1996）指出，這歷程包括確認問題或工作、準備、產生反應、測試反應與溝通，及產生結果五個步驟；我國學者饒見維（2005）則指出，這歷程包括面對問題（任務或情境）、確定問題本質或關鍵、產生初步創意、選擇創意、修改創意、評價創意、定案創意等創造思考心理歷程。兩者共通處在於描述

這個歷程涵蓋諸多解決問題步驟，以及指出這個歷程步驟若失敗或不滿意須再重返歷程始端或某一步驟的循環特性。進一步地說，個體的創造歷程與外在環境息息相關，個體必須突破環境圍限與挑戰，而且這個歷程是冗長不確定的，有可能失敗須重頭再來，個體必須具有朝向目標的「強烈動機」與鍥而不舍的「堅持心」，在歷程中不斷調適心情、面對困難，方能竟事，當然這大大取決於個體是否具有創造的人格特質。Piirto（2004）甚至指出，人格特質比智力更具影響力。

　　以筆者撰寫此書為例，雖然是基於多年大學部「創造力教育」及研究所「創造力與教學」授課經驗與教學PPT資料的累積，以及幼教現場創造性教學協同行動研究的結果，但是真正在落筆撰寫時，卻足足延宕數年。過程中遭遇親人變故與病痛，家人生活與人生計畫變動，自我身體狀況日漸侷限，尤其是時間的限制等，停停寫寫，可以說一波三折，經常有看不到結果與不確定是否可以完成的焦慮感與無力感，幾度想要放棄。支撐筆者完成的最大原因是強烈內在動機的驅策，即筆者對創造力與創造性教學的熱愛與研究興趣，以及自我成長的期許：創造力與創造性教學在當代非常重要，竊以為藉撰寫歷程，可廣涉相關文獻進而統整授課與研究經驗，讓自我更加成長。因此，在寫作過程遇到波折時，筆者就試著解決問題，例如：把已經撰寫完的文稿列印出來，讓自己先行見到暫時的成果，鼓舞自己向前奔跑；筆者也將目錄大綱印出，不僅讓自己看到全貌，而且也可檢視與規劃尚待完成的部分，讓自己有明確的努力方向。此外，在有限的撰寫時間下，筆者將外務儘可能集中處理，讓自己定期有一段完整時間可以撰寫與思考。可能是這份強烈的動機與成長期許，再加上堅持的意志力，讓筆者在波折不斷中終能解決問題，完成出書計畫。另一個重要因素是心境上的彈性調適能力，在遭遇困境沮喪到極點時，筆者儘量做到以「變通的心態」看待許多事，如「塞翁失馬、焉知非福」心

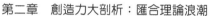

態。總之，本書寫作過程充分說明它是一個冗長與不確定的歷程，也是一個與外在環境相關的解決問題歷程，而且整個歷程也與個體人格特質密切關聯。

另外，整個創作歷程也與個體創造能力有關，在創造思考歷程中不僅要運用擴散力思考產生創意，而且還要運用批判思考力來評選創意與修改創意，才能產生有品質的成果。在撰寫初期，筆者不時想著如何在此創造性教學教科書上也能彰顯創意，兼具知性與感性（但在教科書的框架下，實在很難做到！），其後初擬的大綱有兩三個版本，每一個版本都有其特色與優缺點；在幾番思索與評量下雖選定一個版本，但這暫訂的大綱與依其撰寫的內容隨著書寫的進展與新資料的加入，已經被筆者批判與修改得面目全非。綜言之，就整個創造歷程之本質而言，是一個十足解決問題的實作歷程，涉及外在環境狀況；個體之創造歷程是否順遂，與個體領域知能與創造能力有關，它更與個體是否具有創造性人格特質密切相關。而創造知能與人格特質已如前所述，端賴個體是否有意願付出心力冶煉，並將創造力視為習慣與生活態度。

（三）個體外在環境因素

環境因素很廣泛，包含家庭環境、學校環境與社會文化環境，在在都發生一定程度的影響。然而外在環境的影響取決於個體的認知與解讀，甚至個體可以改變環境，塑造所欲的環境（Sternberg & Lubart, 1995）；也就是說，同樣的環境對不同的人可能看法不同，有人將之認為是阻力遂而放棄，有人則激勵自己、順逆境而上。Gardner（1993）曾研究七位大師的生活史，發現並非所有的人均是活在非常順遂的環境中，這些有創造力的人遇到不順利或失敗時，不輕易放棄，反而從中汲取教訓，化危機為轉機（Policastro & Gardner, 1999）。簡言之，不

論外在環境如何,願意養成創意過活的習慣是很重要的。

通常在一個支持暨挑戰的環境中,較能讓創造力充分發揮,誠如Sternberg 與 Lubart(1995)論及環境與創造力關係時所下結論般,一個完全優良的工作環境對個體而言並非最好,基本上有一些挫折與障礙在內的大體上支持創意的環境,才能適度激發創意。挑戰性的環境意謂著情境與任務是「有點難而又不會太難」,可以適度激發興趣或心流經驗,正好創造個體的「近側發展區」;而在周遭親師友的協助與鷹架支持下,包括提供軟體(民主與成長的心理氛圍)與硬體環境(資源與材料等),可以促發專注與積極投入,以及百花齊放、百家爭鳴現象,充分發揮個體的潛能,這就是所謂的支持暨挑戰性環境。因此家庭、學校或機構環境中,要提供有利創造的物理環境,同時也要創設充滿尊重與鼓勵、成長與精進,以及維繫自信與心理安全的心理環境。

最後很重要的是,個體自身知能與特質、創造歷程及外在環境三大創造力表現影響因素,是彼此互動、共同作用的。個體在艱辛的創造歷程中,除受個人知能與特質影響外,也受外在環境的作用,更需經得起冗長不確定的解決問題情境與歷程;好比盆栽在生長歷程中,種苗本身的生命條件與特性、外在環境狀況與實質照料,以及是否能熬過風吹雨打與日曬霜凍等的生長歷程,都或多或少影響其開花結果的狀況。Cropley(2001)曾定義創造力為原因、結果與互動(creativity as cause, effect and interaction),原因是指有創造力的「人們」,結果是指有創造力的「成品」,互動是指意氣相投的有利環境;顯示創意的成品是創意的個體與環境的互動結果,影響創造力的因素最主要來自於個體自身因素與外在環境因素。不過個體的動機與意願有時可超越外在環境的限制。

CHAPTER 3 創造力之運用：幼兒創造性教學模式

　　在第二章吾人從匯合理論觀點探討創造力的定義與創造力表現的影響要素，本章則開始探討將創造力運用於教學的議題。第一節先由不同角度與背景審視「創造性教學」，期待對幼兒創造性教學有較為完整、精確的輪廓，亦即在幾個似是而非的名詞釋義與澄清後，接著論述幼兒創造性教學的兩個主體：幼兒與幼兒教師的特性。第二節則分別由上節影響創造力表現要素、匯合理論學者以及幼教學者之觀點，論述幼兒創造性教學作法，並於節末綜合歸納揭示「幼兒創造性教學模式」。

第一節　創造性教學面面觀！

　　本節旨在由不同背景與角度審視幼兒創造性教學，俾便提出適切的幼兒創造性教學模式。首先「創造性教學」、「創造思考教學」、「創造力教學」與「創意教學」這幾個看似相同的語詞，究竟有何不同？對此有必要加以區辨，因此本節第一部分著墨於以上之名詞釋義；其次第二部分乃針對幼兒特質、其創造力發展與創造力表現特性加以剖析；至於第三部分則說明創造性教學的另一主體：幼兒教師的特性，期待對幼兒創造性教學有更多的背景知識。

一、創造性教學之正名

筆者將本書副標題命名為幼兒創造性教學，而非上述其他語詞，主要基於幼兒教育性質，有其特別立意與考量。在此先以英國 NACCCE 對於創造力教學與創造性教學的界定談起，再論述其他學者的定義，最後帶出本書幼兒創造性教學之定義。

（一）一般界定

1.創造性教學（teaching creatively）

英國 NACCCE（1999,引自 Craft, 2002: 138; Joubert, 2001: 22）將「創造性教學」定義為：「老師使用富想像力的方式，讓學習更為有趣、刺激與有效。」意即創造性教學比較關心的是「有效的教學」（effective teaching）（Craft, 2005）；Beetlestone（1998: 1）也指出：「創造性教學可以改進教育的品質，讓學習更有意義，並且開啟了更令人興奮的課程進行方式。」簡言之，創造性教學著眼於教師的教學，是所有優質教學的基本要件與重要成分。NACCCE 並指出，創造力教學無法不透過創造性教學而實現，但是創造性教學並不保證孩子的創造力會得以發展；相對地，創造力教學的目標在於更進一步地強調發展所有孩子的創造力。

2.創造力教學（teaching for creativity）

英國 NACCCE（1999,引自 Craft, 2002: 138; Joubert, 2001: 22）將「創造力教學」定義為：「一種意圖在發展兒童自己的創造性思考與行為的教學形式。」它的實際作法有三：首先是「鼓勵」一些特質與信念，如冒險、承諾、堅持、對新經驗開放、獨立判斷等；其次是在多

元智能觀點上「辨識」學習者在課程領域上的創意強項；最後是老師必須透過創新、提問與實驗活動「培育」所有兒童的創造力潛能，而並非只是針對少數兒童而已，孩子則是在一個充滿經驗、想法、有趣資源與活動的放鬆環境中進行肢體與心智遊戲，並且被鼓勵挑戰窠臼、既定想法。簡言之，創造力教學比較關心的是「學習者增能」（learner empowerment），旨在培育學生的創造力，而非在於有效的教學，學童的「個人作用力」（personal agency）是它的核心（Craft, 2005）。

　　我國學者陳龍安（2006）則區分創造性教學（creative teaching）與創造思考教學（teaching for creativity, teaching for creative thinking），前者是指透過教師的創造力，讓教學活潑、有趣，很有創意，使學生享受學習的樂趣，類似英國 NACCCE 的創造性教學（teaching creatively）；後者是指教學目標在於培養學生的流暢、變通、獨創等創造能力，教師教學時則著重創造思考策略的運用。他並綜合各家模式，提出基於推陳出新、有容乃大與彈性變化三項基本假設的「愛的（ATDE）創造思考教學模式」，A、T、D、E 代表其四項主要要素或教學步驟，即問（**Asking**）、想（**Thinking**）、做（**Doing**）、評（**Evaluation**），以發展學生的創造思考能力。所以基本上，陳龍安的創造思考教學的定義與英國 NACCCE 創造力教學的定義類同；而張世彗（2007）將創造力教學（teaching for creativity）翻譯成「創造力教育」，認為同於創造思考教學；葉玉珠（2006）則將目的在提升學生創造力的教學模式統稱為在翻譯上較為直接的「創造力教學」模式。

　　有許多學者曾提出運用創造思考策略以激發學生創造思考能力的創造力教學模式，例如：Torrance（2003）的「教學蘊育模式」（The Incubation Model of Teaching），主要立意在創造許多的不完全（incompletenesses），以激起學童創意學習的動機。它有三個階段：在第一階段藉著創造求知慾、抓住注意力、激發好奇、喚起想像、注入動機等

策略提高學生的期待心；在第二階段運用繼續挖掘、使用所有感覺、再看一次、鑿洞看穿等策略深化學生的期望；在第三個階段則透過與己連結、想像與幻想、再努力尋找其他資源、思考未來怎麼運用等策略讓創意程序持續迸發。再如 Williams（1972, 引自陳龍安，2006）的「認知與情意互動模式」（Cognitive-Affective Interaction Model），認為創造能力包含認知與情意兩方面，兩者相互依存，此一模式的特色有三個層面：各個學科、18 項教學策略，以及學生的認知與情意行為；也就是透過屬性列舉、類比、變異、矛盾、重組、評估情境、視覺想像等 18 項教學策略，在各學科領域上激發兒童的流暢、變通、獨創、精進的認知思考，以及好奇、冒險、挑戰、想像的情意特質。

另外，根據 Starko（2005）的觀點，他則明確地以運用創造力的主體在於學生或老師來區分「創意教學」（creative teaching）與「創造力教學」（teaching for creativity）。創意教學是老師運用創造力於教學活動的發展上，其焦點比較不是在於培育學生的創造力，而是在於讓教學活動與方式富有創造力；相對地，Starko 所指之創造力教學，乃強調學生在教學過程中能有機會運用並發展創造力。就此而言，Starko 的創意教學（creative teaching）似應類同於 NACCCE 所指之創造性教學（teaching creatively）與陳龍安的創造性教學（creative teaching）。他鄭重強調老師運用創造力的創意教學不必然會強化學生的創造力，因為其焦點可能只是在於老師教學上的花俏與作秀，學生在教學過程中不盡然擁有運用創造力的機會，遑論創造力的提升，與 NACCCE 認為創造性教學並不保證孩子的創造力會得以發展，有異曲同工之妙。

綜上所述，目前學界大體上的看法是：創意教學（creative teaching）、創造性教學（teaching creatively）較強調於老師的部分：老師運用創造力於發展教學與設計活動，讓教學活潑與有效。創造力教學（teaching for creativity）、創造思考教學（teaching for creative thinking）

的焦點則似乎比較在於學生的部分：學生於學習過程中能運用創造力，甚或提升其創造力。又創造力教學必須透過教師運用創造力施行創造性教學而實現，因為創造性教學是一切優質教學的重要成分與基礎；然而在另一方面而言，單為實施創造性教學又不必然會促進學生的創造力，以提升學生創造力為目標的創造力教學才能促進學生的創造力。就此而言，依筆者理解似乎顯示欲促進學童創造力長足發展，創造性教學與創造力教學均是必要的，亦即在教學過程中，教師與學生雙方必須均能運用創造力，方得以實現。

（二）本書界定

筆者於本書中使用創造性教學一詞，除以上理解外，並基於以下考量。首先從現實層面而言，以發展學生創造力為旨的創造力教學，並不一定真正能保證教師的教學是有創意的。筆者的論證與憂慮來自於坊間有一些訓練機構，為讓學童在短期間內能大大提升創造能力，淪於讓學童記憶、背誦（如熟背解題策略、死記口訣不加思考）等傳統或權威的「高效率」教學方式，非但教學方式本身喪失創造力，而且也悖離教育「以學童為中心」的核心精神；正如同當年在推動建構式數學時，為讓學童能有所建構，學習有所效果，現場教師要求學童記憶、背誦學生所可能創建的各種另類解題方式般，已經遠離建構教學的基本立論。竊以為如果為追求創造力的發展，而本末倒置喪失教育之根本精神或落入傳統教學中，似非學童之福，也非原本立意、正確之道也。所以如以上（一）之結論般，真正重要的是，教師與幼兒在教學歷程中均能實質地運用創造力，雙方皆樂於教學與學習，而非在於創造力教學或創造性教學孰是孰非之語詞之爭，也不必太拘泥於原有語詞之框限。

更重要的考量是，幼兒教育的目標在於培育完整兒童，著重認知、

情意與技能各面向的「全人發展」，不應只有專注於某方面如創造力的發展，誠如 Urban（2007; Cropley & Urban, 2000）所指，創造力的培育應關心個體全人、全方位的發展，以及創造過程的所有階段，而非在最短期間內讓學童變得有創意或有愈多想法愈好；又承上所述，在幼兒教育範疇，筆者較為重視的是教學開放、不悖離幼兒為中心的根本精神。職是之故，筆者比較不傾向使用「創造力教學」這個語詞，從名稱上看來，它不但予人全面教導創造力的意象，沖淡與模糊了幼兒教育重要的「全人教育」目標；而且在現實運作層面上，也如上所述未必是符合開放、幼兒中心的基本精神。筆者所要強調的是，真正重要的是實際運作的狀況，學生與教師雙方在教學過程中均很重要，學生在學習過程中能運用創造力、發展創造力，當然重要；教師運用創造力於教學上，讓教學開放、活潑與有趣，以提升學生的學習效果與興趣，也是相當重要，亦即優質的教學應是在教學歷程中，師生雙方皆有成長，尤其幼兒教育更不能悖離以幼兒為中心的基本精神。

綜上所述，筆者跳脫原有語詞，選用「創造性教學」一詞，強調教師與學生雙方在教學歷程中均能實際運用創造力：創意的教學與創意的學習，並且強調它是在全人發展目標下運作的，非僅有著重於學生創造力的發展。也就是筆者所謂的幼兒創造性教學意指：在全人發展目標下，教師運用創造力於教學上，使教學開放、有趣、具挑戰性，以提升學習效果，而學生在學習過程中也能運用創造能力，享受學習，連帶促進創造力發展。

以上筆者所使用的這個創造性教學操作性定義與 NACCCE、Starko、陳龍安教授等的原始定義有所不同，它在實質上已經結合創造性教學與創造力教學兩個語詞的原始內涵。而筆者之創造性教學操作性定義與我國學者吳清山（2002）之「創意教學」（creative teaching）意涵頗為接近，根據其觀點，創意教學含括六項重要理念：(1)教學內

容、方法、環境等之多元活潑；(2)鼓勵學生主動參與、獨立思考；(3)巧妙運用資源；(4)促進開放與關懷的班級互動；(5)強調學生的學習動機；(6)提供解決問題情境，激發學生擴散思考能力。吳清山教授明白指出，創意教學過程不像創造思考教學般地強調運用創造思考教學策略（如腦力激盪法、重組法、檢核表法）於教學上，雖然兩者皆重視學生的思考激發，但是創意教學更強調學生享受學習的樂趣，而創造思考教學則比較在意學生的創造思考技能。從以上這六項理念與其論述，可見吳清山之創意教學也是強調師生在教學歷程中均能運用創造力以及樂於學習或教學，與筆者之創造性教學主張較為類同。

　　總之，本書所稱之幼兒創造性教學意指，「教師運用創造力活化與開放教學，讓學習對幼兒而言不僅是有趣、挑戰、能運用創造力，而且是有效的，這個效果意指全人均衡發展，包含創造力部分」。它有三項重點：以全人發展為目標、強調教學與學習之開放性、師生均需運用創造力。在此要特別提出的是，筆者雖不強調創造思考教學策略的運用如比擬、重組、視覺想像等，但也不特意排斥，會視合宜的教學情境彈性運用，而比較強調的則是教師在教學歷程中為幼兒搭構鷹架的主張（本書提出十項鷹架），讓幼兒能在涉及多領域的統整性主題課程中探索、遊戲與多樣表徵，以達全人發展目標，這將在後續章節中討論。

二、創造性教學之主體：幼兒

　　本部分針對幼兒的特性，特別是在創造力之發展與表現方面加以論述，期能更加理解幼兒，為幼兒創造性教學奠基。

（一）幼兒創造力發展

　　學前幼兒從嬰兒時期起在身心各方面就開始漸次發展，如語言、動作等，再加上好奇心的驅使，奠下各項創造力表現的基礎。有關幼兒創造力的發展階段，Rosenblatt 與 Winner（1988, 引自 Cropley, 2001）指出三個發展階段，其後 Mark Runco（邱皓政等譯，2008）將其演繹得更完整。基本上這階段論是以 Lawrence Kohlberg 道德發展階段為基礎，以個體對於「成規」的反應來說明創造力的發展趨勢，這些成規是由外顯規則與內隱約定俗成事項所構成，Runco 並指出，這三階段發展趨勢在藝術表現、擴散性思考、語言及其他創造領域的研究中，均獲得證實。而這三階段大約相當於認知心理學家 Jean Piaget 所揭示的人類發展階段：運思前期（學前階段）、具體運思期（小學階段）與形式運思期（青少年階段與其後）。以下統整說明創造力發展的三個階段。

1.前成規期（Preconventional Stage）

　　前成規期大約是在學前階段，此時幼兒較無法理解成規與按成規去思考，例如：教室常規、性別角色期望等；其情緒完全投入周遭環境中，以直覺、自發、隨興的方式自我表達，所以思考與行為不受世俗或因襲的規定所拘限，是非常具有創造力的階段。前成規期相當於 Piaget 的運思前期，剛脫離感覺動作期（出生至兩歲），開始以符號為仲介來看待周遭世界並與之互動，又可分為象徵思維與直覺思維兩個次階段，象徵思維大量地表現在扮演或戲劇遊戲中，而且多以直覺方式來思考與判斷（李丹、劉金花、張欣戊，1992），因此不難理解這個時期的創造性表現，是隨想像遨遊與憑直覺表達，不受拘束的。

2.成規期（Conventional Stage）

　　成規期大約是在小學期間，此時兒童知道許多成規，雖有較高層次

思考，但順從世俗規定與社會期望，尤其是同儕的期望，希望與同儕
行為雷同，能夠被同儕接受；因此其表現會受制與順從於外在的標
準，抑制自我表達與創造力，約有半數兒童在這個階段經歷創造力驟
降的現象。成規期相當於 Piaget 的具體運思期，兒童逐漸脫離直覺思考
與自我中心思考，較能做基本的邏輯運思與開始意識他人觀點與期
望，但是在純熟的獨立思考尚未發展下，易於順服同儕期望，是很自
然的表現。

3.後成規期（Postconventional Stage）

　　後成規期大約是在青少年到成人階段，此時雖然可以清楚意識到世
俗成規與社會期望，但在另一方面，個體也發展出獨立思考與自我表
現的能力，因此可以打破窠臼或刻板，顯現獨特與創造力。後成規期
相當於 Piaget 的形式運思期，個體已經能做獨立的邏輯運思，因此不難
理解個體意欲自我表現的現象。

　　Shallcross（1981）也曾以 Ainsworth-Land 的轉換理論（transforma-
tion theory）來說明創造力的發展階段：形成中階段（formative stage）、
符合規範階段（normative stage）、整合性階段（integrative stage）與轉
換階段（transformational stage）。形成中階段是自我中心階段，孩童在
探索環境中努力建立自我認同與存在性，希望能掌控自己；孩童在符
合規範階段希望跟別人相同、被他人認同、有歸屬感；進入整合性階
段則乏味於與他人相同，開始定義自我與對獨特性感到驕傲；而在轉
換階段的個體知曉若欲繼續生存，個體一定要向前成長變化。此一轉
換理論與 Runco 的發展階段論頗為類同，也顯示孩子在初始探索環境階
段後，則進入一個非常受同儕團體影響的階段，不希望與人不同，後
來才慢慢地又開始定義自我、顯示獨特性。

　　以上發展階段論顯示創造力 U 形發展趨勢的狀態，也就是兒童的創

造力本來是很高的，卻在一個年齡停滯創造行為，而在其後年歲才逐漸恢復的現象；學前幼兒是 U 形左方之最頂端，之後某一特定年齡則跌入谷底，到青春期後才進入 U 形右方另一個高峰期。這是一個驟然下降的趨勢，至於在何點驟降則視個體發展狀況而異，因個體發展的速率不同，且個體行為是其發展特質與環境的交互作用的結果，環境也扮演一些作用（邱皓政等譯，2008）。較早之前 Torrance（1975）已指出，人一生創造力發展的不連續（discontinuity）現象，如孩子剛入學時與四年級的驟降現象，並言這幾乎是跨文化現象，具普遍性；其實其他許多學者也提出稍有不同的下降點，不過大部分都認同學前階段後入小學時就開始下降的事實（Dudek, 1974; Urban, 1991, 引自 Cropley, 2001），例如：Dudek（1974）指出，一般公認孩子的創造力從 5 歲就開始乾枯，嚴重下降是在四年級 9 歲與七年級 12 歲的時候；而 Dacey（1989）則具體指出，0 至 5 歲是創造力發展的第一個高峰期，第二個高峰期則在 11 至 14 歲。

Gowan（1979）也提出創造力發展的不連續現象，不過卻略有不同，他指出人的一生創造力發展是潛伏、統整與創造三階段交替的不連續狀態，例如：學前期歷經 0 至 1 歲潛伏期、1 至 2 歲統整期與 3 至 5 歲創造期；當 6 至 12 歲整個小學期間進入潛伏期，13 至 18 歲是統整期，19 至 30 歲又進入創造期，如此周而復始。綜合上述，雖然學者對創造力發展的分期不同，可以確認的是，確實有不連續現象，3 至 5 歲學前時期是創造力發展的明顯階段，進入小學則開始低落、潛蟄，直到小學後青少年期才開始恢復。

綜言之，學前階段是創造力發展的高峰期與關鍵期，不受世俗侷限，經常以想像、假裝的方式來表徵人、事、物，其超高想像力四方奔流延伸，我們說幼兒天真、浪漫、富童稚心就是最佳的寫照。然而幼兒的想像力與創造力卻在入小學之後受制於社會成規與同儕壓力而

逐漸跌入谷底。筆者於第二章從創造力匯合理論歸納創造力表現是個體與環境因素互動的結果，因此吾人不僅應思索如何改善小學教育的品質（從個體外在環境著手如鼓勵創意表現、尊重獨特表現）；更重要的是，如何更加強化學前幼兒的自主性、自信心與創意表現（從個體著手），使其於入小學時能持續珍視自己的獨特性與創造力，自信地面對外在情境。當然各層級學校與廣大的社會系統也要重視創造力，不只限於幼兒園與小學，讓整個社會瀰漫創意氛圍，尊重、欣賞與鼓勵創意表現，才是根本之道。

（二）幼兒創造力特質

　　據上所述，學前階段是非常具有創造力之階段，在剖析幼兒創造力表現概況與特性前，吾人首先提及幼兒發展與學習的六項共通特性：深受成長文化與環境影響的「文化情境性」，身、心與智能共同成長的「全人發展性」，各項能力日漸成長、精進的「漸續發展性」，每個個體皆有各特殊性的「個別差異性」，好奇、欲探索與發現答案及建構理解的「探索建構性」，操作與體驗先於抽象思考的「具體經驗性」（周淑惠，2006）。這六項幼兒特性不僅有利於幼兒創造力特性的理解，而且對於目標在於全人發展以及有趣、挑戰與有效學習的幼兒創造性教學而言，有很大的啟示，例如：個別差異性說明了每一位幼兒都是獨特不同的，在創造力個人資源與實質表現上勢必不同，因此實施創造性教學時必須因應幼兒的個別差異性並搭構不同的引導鷹架；而探索建構性與具體經驗性共同說明了幼兒學習上的特徵，創造性教學必須植基於幼兒的好奇心，提供具體操作、生活經驗與探索建構機會，似乎是無庸置疑的策略。

　　再而論述各家學者對幼兒創造力特性的見解。Cornelius 與 Casler（1991）指出，幼兒創造特性為：(1)具好奇與對世界高知覺意識；(2)

充滿內在情感與情緒；(3)深富探索與冒險精神；(4)具想像力與形成心象的力量——對不存在事務形成心象，或藉連結以往不相關想法產生新意象。董奇（1995）曾指出，兒童創造力的特質為：(1)在持續發展與變化的歷程中，尚未定型；(2)為簡單與初級層次，比較缺乏實用價值與社會價值；(3)自發性強與表現範圍較廣泛，生活與活動中均能發現；(4)以創造性想像為主要表現與成分。

　　簡楚瑛與陳淑芳兩位學者對幼兒創造力與創作成品特性的實徵研究，有利吾人了解孩子的創造特質與表現。她們發現，高創造力的幼兒具有豐富的想像力與聯想力，充分展現於主題創作與素材運用上（陳淑芳、簡楚瑛，2004）。而幼兒的作品具有以下幾項特性：(1)敏銳和獨特之觀察力；(2)變通力，如運用錯誤部分去完成其他圖形；(3)不受限於現實，如戰鬥機麵包；(4)敏捷的聯想力，如橢圓形加煙囱是潛水艇麵包；(5)獨特的想法，如紙風鈴掛在玩具跑車天線上成為會飛的風鈴；(6)專注與熟悉材質特性；(7)善用材質特性巧思不同用途，如以透明塑膠袋表現水母；(8)主動查書、詢問與運用知識於創作上。可以說幼兒的整體表現是非常自由、多樣與獨特，比成人更不受拘束（簡楚瑛、陳淑芳，2003）。

　　另外我們也可從不同角度去了解孩子的創造力特性，例如：Isenberg 與 Jalongo（1993）指出，當孩子在從事以下幾件事時，則正在運用其創造能力：(1)探索、實驗、操作、遊戲、提問、猜測與討論其發現時；(2)運用想像的角色扮演、語言遊戲等去解決問題與理解世界時；(3)專注於一項工作良久時；(4)與環境互動以求理出思緒時；(5)以舊與熟悉的方式來做新事務時；以及(6)以不斷重複的方式去學習新事務時。以上描述確實有利吾人理解孩子的創造力特性。

　　綜合上述與其他相關文獻，筆者歸納幼兒創造力的特質有四：(1)以好奇為動力，並常與探索或行動（實驗）連結以發現答案；(2)以想

像為內涵，並以遊戲為媒介加以呈現與漸序發展；(3)以獨特與多元方式表達，並且是享受與執著於表達；(4)以變通與彈性為特色，並且是自由不羈的表達。茲分別剖析如下。

1.以好奇為動力，並常與探索或行動（實驗）連結以發現答案

> 小光常常喜歡對著窗戶上的毛玻璃哈氣，甚至吐口水，樂此不疲，形成課室管理上的困擾。有時在玻璃上創作出圖象時，小光會喃喃自語說這像什麼與不像什麼，並且還會引發他下一波的創作，立意完成心目中的作品。當老師詢問他時，他說他想要試試看哈氣與吐口水後，玻璃上會產生什麼圖案？不同的哈氣與吐口水方法，所產生的圖案有何差異？又隨著時間消逝，圖案會有什麼變化？

好奇是幼兒的自然天性，有名的創造力研究者 Torrance（1962, 引自 Mayesky, 2002）指出，有創意的孩子通常具有好奇的特質。Cecil、Gray、Thornburg 與 Ispa（1985）曾指出，幼兒的創造程序有四個步驟：始於「好奇」、有興趣於這是什麼東西？接著是運用各種感官去「探索」以蒐集「這東西是什麼？」的訊息，即尋找這個東西的可能性；再而是「操作玩弄」，看可以用這個東西做什麼？即創造這個東西的可能性；最後則是試試看可以「重新創造」、發明或解決什麼？也就是以不一樣的方式去把玩它。其實上述這個對著玻璃哈氣、吐口水的幼兒也正在從事以上步驟的創造之舉，他是基於好奇而探索，並以創造的方式來尋求解答：不同哈氣與吐法的效果有何差異？隨時間流逝玻璃上的圖案會如何改變？

Beetlestone（1998: 2）曾言「創造力為一種學習形式」（creativity

as a form of learning），認為孩子原本就深富好奇心與熱情，具探究與發明創造的內在驅動力，這股力量驅使孩子設法尋找答案以滿足好奇，也就是幼童是以創造性的方式來學習。以上吐口水於玻璃上創作的幼兒也在學習，是一種探究式、創造性的學習，只是不得其材（創作材料）而學與創，充分呼應 Beetlestone 所言，創造力是一種學習形式。正因為好奇，探索以及創造、實驗是幼兒創造力的特性，對學前教師確實是一大挑戰，Torrance（1975, 引自陳龍安，2006）的實徵研究就曾指出，創造力高的兒童多半具有頑皮、淘氣與放蕩不羈、常踰越常規、幽默卻也戲謔的特性。

以上論述充分顯示幼兒的創造力是以好奇為動力，並經常與探索或行動（實驗）連結。針對這位吐口水學習與創作的幼兒，建議教師可以引導他在可以發生同樣效果的合宜之處創作，如小塗鴉牆面、地面、沙盤、墊滿衛生紙的盤面、小面鏡，甚或是改用水槍裝水、滴管滴落、拖把刷寫、水管淋沖等讓該位幼兒繼續以各種方式探索各種行動的可能結果，不僅可促進創造力的發揮，而且也有利於科學概念的探索。就此而言，學前教師對幼兒創造力的發展舉足輕重，她（他）可能是扼殺或激發創造發明家的重要關鍵人。

2.以想像為內涵，並以遊戲為媒介加以呈現與漸序發展

幼兒創造力的第二個特色是以想像力為內涵，並以遊戲為媒介加以顯現。Eckhoff 與 Urbach（2008）指出，想像力既是認知也是情意範疇，它是幼兒每日生活的重要成分。Bodrova 與 Leong（1996）則明白指出，幼兒時期在發展上的主要成就之一就是象徵性功能與想像力，可以運用物品、動作或文字等去代表其他東西，例如：串珠與雪花片是炒出來的菜也是藥丸、紙箱是浴缸也是餐桌、長型積木是電話、購物提袋是爸爸的公事包等。Isenberg 與 Jalongo（1993）也指出，想像與

幻想是幼兒時期最大的創意資產，想像是對不存在的人、事、地與情勢形成豐富與多樣心像的能力，幻想是能生動地運用想像力去創造與真實世界較少相似的心像。

Bodrova 與 Leong（1996）進一步指出，學前幼兒最主要的活動是扮演遊戲，它創造了幼兒的近側發展區，促進認知、情緒與社會的發展。在扮演或戲劇活動中，孩子對角色、道具、情節等都充滿想像力與創造力，會以各種方式表達他對現實世界的理解並從真實世界中解放出來，例如：一塊碎花布與一個箱型大積木，一會兒是皇宮裡粉紅公主所穿的花斗篷與武士桌，下一刻就變成怪獸醫院的病床蓋被與門口的掛號窗口，又另一刻則變成米老鼠的飛毯與神奇飛機上的座位，可以說想像力無異是幼兒創造力的主要元素。隨著成長與扮演經驗的累積，孩子的象徵性能力愈來愈強與彈性，不再受限於物體外觀，甚至可以用一個動作或聲音來替代，如兩手張開表示搭飛機去外太空，手作勢按喇叭並發出叭叭聲表示搭公車去旅行；而其扮演情節與對話則隨生活經驗與成長愈來愈複雜。Craft（2000）曾指出，幻想遊戲、社會性遊戲、非要求標準反應的遊戲與創造力的共同點是對「可能性」開放（即接納各種可能），而可能性思考是創造力的基礎，無怪乎 Dacey（1989）指出五歲前是創造力發展的高峰期。

3.以獨特與多元方式表達，並且是享受與執著於表達

幼兒創造力的第三個特色是享受與執著於表達，而其表達具獨特性與多元性。幼兒的創意表現最負盛名的是義大利 Reggio Emilia 幼兒園，從中我們看見孩子有「一百種語言」（Edwards, Gandini, & Forman, 1998），即多種表達媒體與方式，其創造力表現非常具有獨特性與多樣性，例如：噴泉的表徵有摩天輪噴泉、雨傘噴泉、吸管噴泉等（黃又青譯，2000）；而且在不斷的探索、表徵中，幼兒是高度專注、陶醉其

中，並且是充滿自信地執著於表達。猶記得筆者在輔導園所進行協同行動研究時，幼兒的「執著性表達」與專注、享受模樣讓筆者印象深刻，例如：於「布料設計師」活動中，幼兒或蹲或坐或跪，甚至橫跨布面彎身揮灑，而且不斷遊走、積極尋找替代性作畫材料，教室中放眼望去各個專注、忙碌一團，但都流露享受模樣（0812 創觀：布）註 1；於「國王的新衣」活動中，幼兒熱切地裁製新衣，積極催求老師依其想法協助背後打結或裁剪、挖洞，執意地表達心中所想的新衣，一旦完成新衣，則面露自豪的微笑（0812 創觀：國）註 2。此外，Reggio Emilia 幼兒創造力的表現也顯示多與探索行動連結，孩子的表徵其實是顯示探索後所持的「天真理論」（周淑惠，2006；黃又青譯，2000；張軍紅、陳素月、葉秀香譯，1998），呼應以上所述孩子創造力表現之第一個特性：常與探索或行動連結以發現答案。

的確，我們從主題教學中經常見到孩子的獨特與多元表達。新北市永和區新佳美幼稚園的孩子經常運用回收物建構出與主題相關的作品，非常具有特色，舉例而言，高跟鞋是以切蛋糕用透明塑膠刀（當成鞋子底盤）的一端，插入並黏在橫置的紙杯內緣中（當成鞋面前方套入腳趾處），並於透明塑膠刀另一端的下方黏貼圓柱體的底片盒（當成鞋跟）作成的；毛毛蟲是以線繩連串數個小果凍塑膠杯底，然後在果凍塑膠小杯上黏貼許多細長紙條，成為一節節可任意扭動形體的長條毛毛蟲；鱷魚或河馬是以背部相連、前方開口的漢堡盒加工裝飾牙齒（或舌頭），並配合漢堡盒一張一閉操作動作，成為具有大嘴巴的動物（王文梅，2001）。又記得有一位研究所學生、也是苗栗三灣的幼教老師曾告訴筆者在她們的主題教學中，幼兒決定開商店，其名稱為彩虹商店，老師請其思考要用什麼標誌以識別彩虹商店，幼兒提

註 1　「0812 創觀：布」意指 2008 年 12 月創造性教學協同行動研究「布料設計師」活動之觀察手札。
註 2　「0812 創觀：國」意指 2008 年 12 月創造性教學協同行動研究「國王的新衣」活動之觀察手札。

出的想法是請店員在眉毛染畫七彩的彩虹以及臉頰畫上彩虹圖案，真是另類獨特的表達，有別於成人想法（如製作有彩虹字樣或圖案可以懸掛的商店招牌，或是縫製可以穿戴的圍裙、背心、帽子等）。

4.以變通與彈性為特色，並且是自由不羈的表達

　　幼兒創造力的第四個特色是孩子常不受侷限的表達，從主題教學中經常可以見到孩子彈性變通、自由不拘的創意表現。筆者輔導的新竹市親仁實驗幼兒園亮晶晶班在進行與情緒相關主題時，孩子們討論生氣時該如何發抒情緒，於是就產生製作「生氣怪獸」的想法。這生氣怪獸有個大大的嘴巴，可以塞進孩子所寫的各種生氣之事，也可以對著牠傾訴生氣之事，還可以對著牠將生氣之事吹入大口，讓情緒撫平（如圖 3-1 所示），孩子並且討論出在怪獸嘴巴下貼上一張寫著如何使用生氣怪獸的方法。可以看出孩子不僅是充滿想像、不受世俗拘限的，而且這也是一種很具變通性的平息怒氣的方式（1105 教觀：生）^{註3}。

　　又筆者輔導的親仁實驗幼兒園彩色香菇班的幼兒在主題課程中玩「接語詞、創故事」的遊戲，由幼兒先作語詞接龍遊戲，這涉及變通力的運用，例如（1105 教觀：創）^{註4}：

　　　媽媽→媽將電車→車子→子彈→蛋殼→殼子→紫菜蛋花湯→
　　　湯鍋→鍋蓋→蓋飯→犯規→歸國→國旗→騎馬→馬頭人身→
　　　身高→高峰→風雨→……

　　然後在咖啡老師引導下，幼兒必須利用這些已經說出（寫出）的語詞，去串連成一個完整的故事，他不能隨興地往四方自由創接故事，

註3　「1105 教觀：生」意指 2011 年 5 月親仁平日教學「生氣怪獸」活動之觀察手札。
註4　「1105 教觀：創」意指 2011 年 5 月親仁平日教學「接語詞、創故事」活動之觀察手札。

圖 3-1　幼兒作品：生氣怪獸

圖中「生氣怪獸」的說明：(1)先說咒語：阿爆洪洪裂；(2)把生氣的事情告訴生氣怪獸；
(3)把生氣的事情吹進生氣怪獸的肚子裡，或者是用白紙寫生氣的事投入。

他必須在兩個既定語詞限制之下，思索其中關係並且要彈性地變通與
跳躍思考，這比自由創接故事還要難，例如：思索「蓋飯」要如何接
「犯規」？「犯規」要如何接「歸國」？「歸國」要如何接「國旗」？
「國旗」要如何接「騎馬」？等。以下就是兩則幼兒的傑作，充分顯
示非常自由不羈的表達，例如：自創「媽將電車」，想出蛋殼把輪胎
刺破、水喝光引起旱災、蟲子用湯匙喝紫菜蛋花湯、旗子是紫菜做的
等故事情節。

媽媽坐媽將電車出去，有一台車子壓過子彈滑倒了不小心撞到媽將電車，這台車上的蛋殼通通都灑出來了，把輪胎刺破了，開車的人就下車把蛋殼從輪胎拿出來裝進殼子裡。媽媽就下車去買紫菜蛋花湯，買到的湯裝在湯鍋裡，然後把鍋蓋打開把蓋飯放進去當做她的午餐。因為媽媽要去台北，在開車去台北的路上車子開太快犯規了，媽媽去松山機場接爸爸歸國，媽媽眼花了看到國旗以為是飛機場，結果是騎馬的地方，媽媽以為馬是飛機，就坐上去，然後馬就跑到埃及的馬頭人身前面，結果馬頭人身正在量身高，然後媽媽就騎著馬去高峰，經過一陣風雨，雨滴把爸爸媽媽跟馬都淋濕了，結果是媽媽在做夢，因為屋頂在滴水，然後一直滴滴到都做水災了，爸爸媽媽就說水災真是一個大災難，還好有一個男子漢來救他們，男子漢把水喝光，結果還引起旱災。

蟲子喝紫菜蛋花湯是用湯匙，喝完了湯，蟲子看了手錶發現他要遲到了，就覺得自己變遲到大王了。王國的全部蟲子學生都已經到了，只剩下蟲子還沒到齊。蟲子跑到王國學校，老師就罰他拿國旗，老師叫蟲子一手拿國旗，一手拿旗子，蟲子覺得旗子軟軟的，原來旗子是紫菜做的……（如圖3-2a、3-2b 所示）

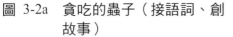

圖 3-2a　貪吃的蟲子（接語詞、創　圖 3-2b　貪吃的蟲子（接語詞、創
　　　　故事）　　　　　　　　　　　　　　　故事）

三、創造性教學之主體：幼兒教師

　　創造性教學強調師生均須運用創造力，綜合第二章匯合理論趨勢，
吾人得知創造力的表現是多種因素的匯合與互動，因此教師在教學上
理應也需匯合諸多因素，才能激發學生的創造力表現，亦即教師活化
課程與教學以及促進幼兒創造力的作法涵蓋層面甚廣，包括教師層面
與幼兒層面相關因素與作法，如教師自身創造知能的成長、教學方法
與鷹架活動的搭構、環境的設計與運作、幼兒知能與特質的考量、心
理氛圍的營造等，涉及多方面向，幼兒教師在創造性教學中的角色是
重大的、責無旁貸的。

　　然而，有許多幼兒教師並不因為擔任一切教育基礎的幼兒教師而具
有充分的專業自信，這可能是受到整個社會價值觀的影響，好似教學
層級愈高的教師愈受社會大眾尊敬，如大學教師。再加上多數幼兒教
師是在私立園所服務，在多數私立園所之規章制度仍有待強化現況
下，幼師之薪資與待遇實取決於園所，故而許多幼師一向扮演較為沉
默之任勞任怨且逆來順受的角色，也較缺乏專業自信。

　　其實，一般幼兒教師最大的特質是富有愛心與童稚心，是扮演夥伴

在旁並搭構鷹架角色的幼兒創造性教學的最合宜人選。因為富有愛心才能對幼兒的一舉一動觀察入微，不僅能關心其全人各方面的發展，而且也能激發與精進其創意；具童稚心才能欣賞幼兒的創意，不認為它是脫離現實與不合邏輯的，也才能與幼兒一起玩耍創意與巧變創意。這兩項特質是幼兒教師最大的資產，也是幼兒創造性教學的利多條件。換言之，活化與開放教學，讓學習不僅有趣、挑戰、能運用創造力，而且亦達全人發展的效果，完全繫於幼兒教師之手，而幼兒教師的特質正好勝任此一重要角色。所以幼兒教師不應妄自菲薄，必須看重自己，對自己充滿信心與期許。

　　不過在另一方面，幼兒教師每日忙於保育、教育，基於服務與愛心，常比幼兒家長早出門且晚回家，體力、心力付出甚多，其辛勞不可言喻，折損不少精力。因此樂活於創意與巧變創意，不僅可讓自我清新，走出繁瑣與積極成長，而且可活潑教學，促進幼兒的創造力與全人發展。本書第四章將針對如何樂活創意與巧變創意加以論述。

第二節　幼兒創造性教學

　　在第二章筆者提出具匯合理論特色的「栽種盆花」譬喻創造力定義，並據以闡論影響創造力表現的要素，而在本章第一節中吾人充分了解幼兒創造力的發展與特性，因此本節乃接續創造力表現影響因素，針對幼兒分析其狀態與研討其激發之道；繼而分別論述匯合理論學者以及幼教學者所提出之創造性教學觀點；最後筆者綜合歸納，提出將創造力運用於幼兒教學之「幼兒創造性教學模式」。

一、由「創造力影響要素」論創造性教學

　　依據筆者「栽種盆花」譬喻之創造力定義，歸納花盆中的內容物（個體知能與特質因素），周遭陽光、空氣與水的合宜搭配（外在環境因素：支持暨挑戰性環境），以及整個生長與照料歷程（創造歷程因素：冗長與不確定的解決問題實作歷程），是盆栽得以成長並開花結果（產生創造性成果）之重大影響因素，這三大影響因素實關係著個體創造力之表現或發揮。因此若要實施創造性教學讓學生充分發揮創造力，也需要從學生個人、周遭環境以及創造（學習）歷程三大影響因素切入。此處以幼兒為對象加以分析，申論幼兒創造性教學之切入要點與落實之道。

（一）幼兒知能與特質因素

　　個體因素包含知識與技能、創造能力與創造人格特質，欲促進幼兒創造力之發揮或實施創造性教學，必須考量幼兒的「知識與技能」、「創造能力」與「創造人格特質」的發展狀態。

首先，論及幼兒的「知識與技能」，知識乃指各領域或學科知識，技能則指大小肌肉能力如剪貼、揉捏、操作、移動性動作等技巧，欲有所創造，必先充實與強化相關知能。由於幼兒的生活經驗與知識和能力較為有限，鑑於探索建構性、具體經驗性等幼兒發展與學習特性，其知能之獲致大大取決於經驗、實作與探索，因此，何種課程與教學較能提供經驗與實作並促進相關知能之探究與獲取？又何種課程與教學較能讓幼兒一面探究知能且一面運用與精進知能？更重要的是，何種課程與教學較能發掘幼兒感興趣的領域並使其專注投入、願意精進成長？而最根本的考量則是何種課程與教學較能促進幼兒全人均衡發展？以上諸項成為實施幼兒創造性教學的考量要點。

　　其次，根據上節幼兒創造力特性，毫無疑問地，幼兒具備相當高的變通力、獨創力等「創造能力」；而且在其人格特質方面充分顯現充滿好奇、喜歡想像，及熱切自由表現的「創造人格特質」，然而可惜的是幼兒的創造力卻在進入小學之後迅速下滑。針對此點吾人以為，以想像為主的扮演遊戲是幼兒階段的主要活動與發展里程碑，它可以刺激與伸展「近側發展區」，促進創造力與語言、社會情緒等各方面的發展；誠如 Eckhoff 與 Urbach（2008）所言，幼兒教育者的重要工作是鼓勵幼兒發揮想像思考，並使幼兒對其想像力具有自信，筆者極為認同此一觀點。因此首要考量的是，何種課程與教學較能淋漓盡致地強調與延伸以想像為主的扮演遊戲？又何種課程與教學較能培養學前幼兒的獨立自主性與自信心，使其能於後續年層持續珍視想像力、獨創力以及對自我充滿信心。當然更重要的是整個大社會環境重視創造力，共同建構創造氛圍，使幼兒創造力得以延伸至小學階段。就此而言，何種課程與教學較能培養幼兒的自主、自信與創意表達？又何種課程與教學較能共同建構創造氛圍，讓創造力成為社群共同語言，甚至擴及家長、社區，乃為重要考量。

（二）幼兒外在環境因素

　　以全人發展為綜合考量的幼兒創造性教學除了要從幼兒本身知能與特性著手，例如：強化其知能建構，尋找其興趣領域以更加引發全神投入與精進之心，以及培養自信、自主人格特質外，也要從幼兒之外的各層級環境切入，包括教室環境、學校環境、家庭環境，甚至是整個社會環境，尤其是每日生活其中的幼兒園教學環境。職是之故，何種課程與教學才能支持探索建構性、具體經驗性、文化情境性、全人發展性與個別差異性等幼兒發展共通特質？以及何種課程與教學方足以彰顯好奇與探索、想像與遊戲、獨特與多樣暨自由表達，以及享受與執著於表達等幼兒創造力表現特質？都是值得深思的。舉例言之，何種軟硬體空間才能激勵獨特與多元表達並能延伸想像扮演遊戲？又何種心理氛圍，才能提供安全無壓、安心表徵的氣氛以及激發積極挑戰自我、追求成長的意念？特別是考量漸續發展中的幼兒特性以及「動機是創造之源」，何種課程與教學是有趣並具挑戰性，能創造幼兒「近側發展區」與持續引發心流經驗？也是頗值關注的。更重要的是，挑戰必須伴隨適度的支持，何種課程與教學才能提供各樣合宜的鷹架支持，激發幼兒創造潛能？最後，家庭環境與幼兒關係亦相當密切，何種課程與教學能視家長為夥伴、社區為資源，共創學習社群？均是幼兒創造性教學的思考重點。

（三）幼兒創造歷程因素

　　幼兒創造性教學的第三個切入點是從幼兒的創造歷程加以思考。創造歷程是冗長與不確定的，個體除運用其知能外，必須具有強烈求知與成長動機、堅持心與調適能力，才能安然歷經產生、評選與修改想法的解決問題完整實作過程，最後獲致新穎獨特與有價值的表現或作

品。而創造力表現大大取決於個體是否願意樂活於創意中，對於有興趣的事，幼兒通常是專注的並沉醉於表達，論及於此，何種課程與教學才能以幼兒興趣為中心或利於發掘其興趣領域，並且能強化其成長與求知動機？又何種課程與教學才能讓幼兒有機會體驗心流經驗、陶冶鍥而不捨的意志力？以及何種課程與教學才能讓幼兒充分體驗擴散思考與批判思考的完整歷程？此外值得注意的是，幼兒的創造歷程順遂與否，除取決於幼兒自身知能與人格特質狀態外，其與外在環境的支持亦密切相關；故而在何種課程與教學狀況下，幼兒才能獲得最大的支持與鷹架引導？也是極為重要的考量。

　　綜合以上三項影響創造力表現因素與幼兒狀態之探討，似乎都指向施行幼兒創造性教學的八個重點與成分：(1)目標：以全人發展為基礎，並考量幼兒的創造能力、創造人格特質與領域知能狀態；(2)課程：實施以社會建構論為基礎，師生能共同探究、運用知能與多元表達的主題統整性課程，甚至及於家長與社區，建立家園學習社群；(3)教學：提供符合興趣、具挑戰性或遊戲性、能享受心流經驗並激發潛能的教學活動；(4)環境：具有可探索、自主學習與扮演的遊戲角落，以及激發與展示創作的多元空間；(5)時間：容許充分探究與表達以及足夠專注與投入的時間；(6)氛圍：創設能自信表達、尊重獨特性與多樣性的「民主氛圍」，以及珍視自我成長的「學習社群感」；(7)幼兒角色：具有學習動機、能享受擴散思考與體驗批判思考的心流經驗者暨創造主體；(8)教師角色：扮演幼兒夥伴、楷模、提供回饋之守門人、激發者等多元鷹架引導角色。以上幼兒個體、創造歷程與外在環境三個思考點與切入點十足反映 Beetlestone（1998）所言，創意教學涉及師、生以一種永遠著眼於追求新穎的方式，在教室生活情境中複雜的交互作用。而以上從影響創造力表現因素切入，顯現「基於社會建構論的主題課程，強調探究、遊戲、表徵與統整學習，以及教師多元

角色與幼兒熱切於學習」的分析結果，與義大利 Reggio Emilia 的幼兒教學，似乎極為類同。

二、由匯合理論學者觀點論創造性教學

許多提出創造力匯合理論的學者相繼提出在教育上提升創造力的作法，以下列舉數家觀點，以作為幼兒創造性教學模式之參照。

（一）Sternberg

Sternberg 揭示個體表現創造力需匯合六項資源後，又提出培育學生創造力的 25 種方法，如示範創造力、鼓勵發想、提供創造思考的時間、創意的教學與評量、獎勵有創意的構想與產品、鼓勵明智的冒險、允許犯錯、運用創意的傳記、想像其他觀點、尋找感興趣之事等（郭俊賢、陳淑惠譯，2003）。其後於 2007 年復提出培育創造力的環境為：(1)身教──培育創造力的最佳方法是老師以身示範創造力與如何創造；(2)跨領域交叉刺激以幫助兒童──激發兒童在各領域學科間流轉思考，並借用學科領域來激發無興趣學科的學習；(3)容許孩子有時間創意思考，避免快速催促；(4)教導與評估創造力，尤其是考試測驗方式應改變為分析與創意題型；(5)獎賞創造力；(6)容許從錯誤中學習；(7)教導孩子為自我成功與失敗負起責任；(8)鼓勵同儕間創意合作；(9)教導孩子從不同觀點想像；(10)教導孩子認識人與環境應是調和的，要隨時應變（Sternberg, 2007）。

（二）Csikszentmihalyi

Csikszentmihalyi 提出創造是個體、領域與學門三層面匯合的系統觀後，與 Wolfe 一起提出在教育上的運用──教室創造力模式（如圖 3-3

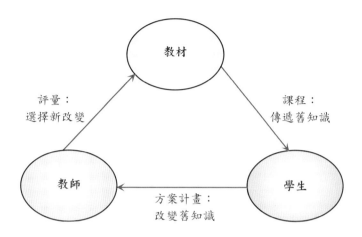

圖 3-3　Csikszentmihalyi 與 Wolfe 教室創造力模式

資料來源：引自 Csikszentmihalyi & Wolfe（2000: 85）

所示），也是一樣具有三個面向：被傳遞的知識體（領域知識）、控制知識的老師（學門），與一群學習知識與被老師評量的個別學生（Csikszentmihalyi & Wolfe, 2000）。換言之，Csikszentmihalyi 與 Wolfe 的教室創造力模式強調：必須善加呈現的知識、對學習有興趣的學生與激盪人心的老師三者間的聯合作用結果，分別敘述如下。

1.領域知識層次

　　傳遞給學生的知識要與學生的興趣與需求相關，賦予學生學習主權與適當難度的挑戰性活動；也要給予學生接近各種教材資源的機會，例如：網路；而且要規劃統整課程，幫助學生整合學科知識；並能透過師徒制讓有創意潛能者有機會與師傅或增能方案搭配學習。

2.學生層次

　　課程與教學方法要激發學生的興趣，使其能發問與探索；少用外在獎賞，讓學生享受學習、求知的內在樂趣；提供與學生能力匹配的挑

戰性活動，使其享受心流經驗；讓學生學習形成問題或尋找問題，或運用擴散思考；尊重學生創意獨特的人格特質，慎用常規紀律要求；促進學習內化，培養學生學習的內在標準，而非依賴外在測驗或標準去表現。

3.學門層次

老師身為守門者地位，須對新學習方式與學生新想法開放與接納，鼓勵探索、提問與不同解題方式或表現；要能激發學生的好奇與興趣，如更新教材與講授內容、提供課外活動機會；而且也能分辨好的、新奇想法與不好的想法，意即要能欣賞也能評估學生表現，使其有所精進；同時也要讓學生的創意想法能有機會具體落實，如校中有戲劇演出、科學展覽、校刊等。

（三）Amabile

很早就提出創造力成分匯合之說的 Amabile（1989），也提出在校內讓創造力活化的方法。第一是非控制但指導性的教學，孩子為活躍的學習者，因此教師要提供引導支持與有趣且接近真實世界的學習經驗，以及讓孩子自由討論與共同合作；第二是教室的規劃設計要有學習角落、展示作品的空間與充足的教材教具。又 1996 年 Amabile 於《情境中的創造力：創造力的社會心理學》（*Creativity in Context: Update to the Social Psychology of Creativity*）一書中，提出提升與支持兒童創造力的建議為：尊重個別差異、鼓勵孩子自主與獨立；強調學習內在樂趣而非外在動機或指標（如分數與競爭獎勵）；強調冒險、挑戰、自我超越與成長的價值；強調錯誤中學習的價值；使用獎勵去確認孩子的成就與創造力而非控制其行為；避免在學習與創意活動上使用競爭情境；老師示範獨立、有趣的創意活動；讓小孩接觸激發創意的經驗如

旅行或介紹從事創意活動者；鼓勵創意探索、提問與好奇；讓孩子探索多元活動協助其發現自我興趣等。

又綜合各類社會環境對創造力影響方面的文獻後，Amabile（1996）提出 12 項結論，這些結論大致可歸納為：家庭環境、學校環境、工作環境、社會文化環境等數項。與學校教育環境方面有關的結論為：(1)具個別化教學與較少控制的「開放教育」可能比傳統教學對創造力更為有利；(2)從事遊戲式、操弄物體的活動較能增加創造力；(3)在某一領域中愈有可接近的楷模角色存在，個人愈有可能在該領域顯示創意成就。而其後 Amabile 談到培育創造力時特別指出，不僅要考量創造力表現成分模式中的三項成分：工作動機、領域相關技能、創造力相關程序，而且也要考量這三成分的交集；當這三項成分有最大的重疊交集時，創造力將達最佳狀態，若能辨識這交集點，將是強化創造力很重要的一大步。也就是若個體最大的興趣點也正好是其熟諳的領域，而且該個體也具有相關的創造思考能力，就能創造表現了（Collins & Amabile, 1999）。所以教師協助幼兒找尋其有興趣的領域或提供幼兒有興趣的活動，就顯得相當重要。

（四）Urban

提出創造力成分模式的 Urban（2007; Cropley & Urban, 2000）認為，「開放教育」對培育創造力是重要條件，並提出 25 項有關培育創造力的建議，這些建議基本上認同擴散想法與精進想法是同等重要的。筆者將其歸納為心理氛圍、教學方法與教師角色三大項。

1. 心理氛圍

在心理氛圍方面，最重要的是建立一個能思考與表達的無壓力氛圍，即教室中能欣賞不尋常的想法，避免同儕間的負面回應、競爭與

團體壓力，鼓勵共同合作。

2.教學方法

教學方法應儘量支持自由遊戲及操弄物體或想法，鼓勵學生自我啟動地提問與學習，並提供能激發挑戰與需創意反應的情境。教學過程中多提問擴散性問題，給予學生暗示一步步刺激其獨立思考；支持對多元領域知識的興趣與求知慾，讓學生對於環境中的刺激敏感，提供激發思考的教材，並鼓勵學生精進其想法等。

3.教師角色

教師的角色是多元豐富的，他（她）不僅是教學者、評量者，同時也是楷模、專家、諮詢者、刺激者、引導者、參與觀察者與夥伴等，其合宜的行為表現，例如：示範與創意有關行為、顯示與欣賞幽默、容許學生犯錯、給予學生建設性批評，並且鼓勵學生自信、自我欣賞與精進想法等。

此外，Cropley 與 Urban（2000）認為，成分模式的六個成分可以作為教師評估其教學的架構，針對每一個成分均提出諸多問題讓教師省思，例如：成分一「擴散思考」的其中一項省思問題是：學生提問是被允許與欣賞的嗎？成分三「特定領域知識基礎與特定技能」的其中一項省思問題是：特殊興趣的發展是否被鼓勵？例如：有外加或課外的活動、競賽或良師益友嗎？成分五「動機與激勵」的其中一項省思問題是：學生的好奇心有被激發與支持嗎？總之，培育創造力並非只是固定時間的創意課而已，它是教導所有孩子的指引，應貫穿各學科領域與所有教學時間。

（五）Piirto

提出才能發展金字塔的 Piirto（2004）也提出強化創造力之法：(1)

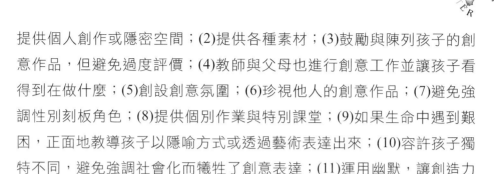

提供個人創作或隱密空間；(2)提供各種素材；(3)鼓勵與陳列孩子的創意作品，但避免過度評價；(4)教師與父母也進行創意工作並讓孩子看得到在做什麼；(5)創設創意氛圍；(6)珍視他人的創意作品；(7)避免強調性別刻板角色；(8)提供個別作業與特別課堂；(9)如果生命中遇到艱困，正面地教導孩子以隱喻方式或透過藝術表達出來；(10)容許孩子獨特不同，避免強調社會化而犧牲了創意表達；(11)運用幽默，讓創造力得以滋養。

(六) Nickerson

Nickerson（1999）於《創造力手冊》一書中，提出強化創造力的方法為：建立目的與意圖、建立基本技能、鼓勵獲得特定領域知識、刺激與報酬（好奇與探索）、建立動機（特別是內在動機）、鼓勵自信與冒險意願、強調精熟與自我競爭、促進對創造力的支持信念、提供選擇與發現的機會、發展自我管理（後設認知）技巧、教導促進創意表現的技巧與策略、在創造力與自律間保持平衡。

(七) 吳靜吉

我國學者吳靜吉（2002）也認為，創造力培育應採匯合取向，在〈華人學生創造力的發掘與培育〉一文中，指出幾項重要原則：(1)積極建立創造力的價值與態度；(2)形塑創造的生活風格；(3)以多元智能為架構培育創造力；(4)採匯合取向或科技整合取向培育創造力，以匯合取向來思考創造力，同時從個人、環境、文化、歷程、產品等各面向來探討或培育創造力，並考慮這些面向間關係；(5)陶養創意文化（包括動機、氣候），培養團隊創造力；(6)妥善選擇創意守門人；(7)包容、尊重與支持多元團體與個別差異；(8)強調創意歷程與樂在其中的體驗，實施以學習者為中心的教育；(9)將創造力融入各科教學與實

施統整課程；(10)兼重創造力相關技巧與特定領域創造技巧；(11)同時重視多元與真實、個別與團體、歷程與產品的評量；(12)謹記上行下效比掌控管教更為有效。

綜上所述，匯合理論者在教育上多主張：(1)目標：培育學生自主、自信心與尊重學生獨特性；(2)課程：實施統整性課程及以學習者為中心的探索性或開放教育；(3)教學：重視學習者動機與提供學習者興趣的挑戰性活動；(4)環境：多元環境與豐富教材；(5)氛圍：建立無壓力、能思考與表達的創意氛圍；(6)教師角色：扮演楷模、引導者、守門人等多元角色。可以看出與由創造力影響要素論創造性教學大抵類同。

三、由幼教學者觀點論創造性教學

幼兒教育學者們對幼兒創造力的發展也多所著墨，此處列舉數位學者之觀點予以探討。

(一) Craft

英國學者 Craft（2002）在《創造力與幼年教育》（*Creativity and Eearly Years Education*）一書中曾特別強調「小 c 創造力」的價值，她認為小 c 創造力或個人效能（personal effectiveness）對個人在明日世界是否得以蓬勃生存非常重要，它是指面對變遷情境能自我認同並能藉選擇以尋找出路的能力，也是幼兒教育的重要目標。她又提出「可能性思考」，它是將小 c 創造力各種特質（想像力、智慧、自我創造、自我表達、知道如何做）結合的工具，而可能性思考在幼兒時期多半是透過遊戲而表達的。針對小 c 創造力的培養，Craft（2005, 2007）又提出「學習者全然涉入」（learner inclusive）的教學，特別推崇義大利 Reggio

Emilia 的幼兒教學模式，學習者全然涉入意指讓孩子在合宜環境中體驗學習的所有權，自行決定要探索與珍視什麼，在成人共同參與下，重視孩子的各種可能性思考。簡言之，透過遊戲與探索以表達可能性思考並培育小 c 創造力，是幼教重要目標。

（二）Reggio Emilia 教育專家

　　有名的義大利 Reggio Emilia 教育專家對兒童創造力的詮釋為：(1)創造力是思考方式、求知與作決定的一個特徵；(2)創造力由多元經驗中產生，伴隨著對個人資源的支持以及敢於超越已知的意識；(3)創造力是透過認知、情意與想像程序共同運作而表達的，目的在尋求非預期解答；(4)對創造力最有利的情境是人際間的互動，因透過互動可以協調衝突與比較不同想法及行為；(5)求知與表達有關聯，當成人較少執著於提供如何做的處方，代之以扮演觀察者與問題情境解釋者時，便可大大發揮創造力量；(6)創造力被孩子喜愛與否，乃立基於老師、家庭、學校、社區與更廣大社會的期望，也依據孩子對這些期望的知覺方式；(7)當成人關心孩子的認知過程，而非各領域的學習成果時，創造力就變得更明顯可見；(8)當老師愈信服智慧與表徵活動間有加乘效果時，就會有愈多的想像力互動出現；(9)創造力需要求知與表徵連結，開啟孩子的「一百種語言」（表達方式）（Edwards et al., 1998: 76-77）。從以上表述可以清楚看出，Reggio Emilia 的教育系統是築基於孩子與所有社群的人共同探究及實際體驗的社會建構論信念，非常強調孩子在探究求知後的表徵與各種表達方式，以及社群間與同儕間激發想法的對話互動；基本上孩子是學習的主體，求知與各種表達是連結相關的，而成人是學習夥伴與支持者。從孩子令人驚艷的多樣創意表達中，確實映證 Reggio Emilia 的教育功效。

（三）Tegano、Moran 與 Sawyers

提出「幼兒創意潛能發展生態模式」的 Tegano 等人（1991），也提出在教室中發展幼兒創造力的方法如下。

1.課程為創造力鋪設舞台

孩子需要知識與技能去表達他們的創意潛能，如同廚師對烹調技術與作料必須有些基本知識；因此，要提供能探索、遊戲、運用知識技能、創意解決問題與創造思考的課程與環境。

2.探究、發現或遊戲取向的教學

發現式課程模式對培育孩子的創造力相當有效，例如：Kamii 與 Devries 以經驗為基礎的建構式課程、適性發展課程（developmentally appropriate practices，簡稱 DAP）等，因為這些課程提供探索與遊戲方式，促進創意解決問題的機會。具體言之，教師要提供非結構性學習的機會、足夠探索與運用概念的時間、讓孩子可以測試想法的安全非威脅的氣氛，老師並且要尊重所有想法、延緩批評。

3.創意貫穿學科領域與每日作息

各學科領域皆可進行創造性教學，甚至是作息時間也可發揮創意，不限於正式課堂。

（四）Duffy

Duffy（1998）在《支持幼年時期創造力與想像力》（*Supporting Creativity and Imagination in the Early Years*）一書中指出，孩子的創造力可以透過各課程領域以發展全人方式去培養；又表徵在認知發展上是中心角色，孩子應有各種表徵方式與機會，如繪圖、口語表達、扮

演、雕塑、肢體、舞蹈等；與孩子互動必須採多元角色，最重要是鼓勵安全與信任的關係、在生活行動中示範創意的程序。至於教師具體作法如下。

1.創造激發幼兒的情境

在環境上要有小組或個人空間與豐富多元材料，並且著重美感；此外，應儘量提供接近藝術家、音樂家、舞蹈家等的活動經驗。

2.與幼兒互動以發展創意與想像

成人是幼兒的資源者、刺激者、示範者、提供材料者、研究者、鼓勵反思提供回饋者，而且也是夥伴，陪伴在旁共同創造。

3.組織空間、時間與社會情境

提供可冒險、嘗試犯錯的心理環境，以及可自由探索、接近、取用材料的物質環境。此外，幼兒需要時間去探索、遊戲練習、試驗新想法與修正表徵。而在社會情境方面，應組織混齡團體，提供同儕鷹架與成人刺激的鷹架。

4.延伸孩子的經驗

充分運用地方環境、博物館、藝術館、劇院等資源，並且運用藝術家、音樂家等人力資源，並陳列孩子的作品，讓孩子可欣賞他人作品。

（五）Cornelius 與 Casler

Cornelius 與 Casler（1991）認為，想像及以假扮方式表徵人、事、物，可以促使幼兒認知發展往前躍進，所以遊戲式活動、假扮性活動對孩子創造力的發展是很重要的，而一個能激發想像、扮演遊戲與能探索的環境也是很重要的。其具體建議為：(1)以孩子為中心的適性教

學；(2)提供可自由移動、進行方案探索的適當空間；(3)充足光線與新鮮空氣；(4)具有彈性隔間可供團體、小組或個別使用的多元空間；(5)顯現多元的溫馨質感與安全感；(6)教材多元開放、原始、穩固耐用、適合不同發展層級與整齊儲存。

（六）Mayesky

Mayesky（2002）在《幼兒創造性活動》（*Creative Activities for Young Children*）一書中指出，促進幼兒創造力的作法有以下幾項：(1)提供知識、技能與運用知識、技能；(2)透過有趣、遊戲與探索的課程以促進創造力；(3)提供涉及各領域的統整性課程；(4)透過積極認同孩子的獨特性來促進自信與創造力；(5)以運用想像力、假想情境等擴散性問題激發孩子的創造力；(6)引起幼兒參與活動的動機，包括先滿足其身體需求、運用孩子原本興趣、允許與好友共同工作、提供有趣好玩的活動、讓孩子自設目標、讓活動內容與型態具變化性、讓孩子因挑戰而投入、教師以讚美鼓勵增強孩子表現、觀察與觀照孩子感受等技巧。

（七）Edwards 與 Springate

Edwards 與 Springate（1995, 引自 Craft, 2002）提出支持兒童創造力的系統性策略為以下幾項。

1.空間

提供可使作品不被破壞並可保留至第二日的空間、提供明亮的工作空間與和諧的色彩、裝置孩子尺寸的區域並陳列孩子作品與知名藝術家作品、提供合宜與誘人的材料。

2.時間

讓孩子有足夠時間可以完成作品，不催促或中斷孩子的創作。

3.氛圍

鼓勵冒險、犯錯、獨特、創新的氣氛，容許吵雜、凌亂與自由，但整體環境還是呈現秩序感；重要的是，老師在旁與孩子一起探索、實驗。

4.特殊情境

教師要提供多元刺激情境，讓孩子認識外在世界，如校外教學、訪客；並介紹特殊工藝品、動植物等。

5.豐富資源與材料

資源與材料要豐富多元，可以是買的、找到的或回收的；重要的是，協助孩子從豐富的材料中去選擇其創作所需。

（八）Isenberg 與 Jalongo

Isenberg 與 Jalongo（1993）綜合文獻提出，尊重與發展孩子創造力的學校顯示六項條件：學校人員試圖減少壓力與焦慮、重視過程多於成果、孩子深入涉入的活動是沒有時間限制的、建立鼓勵與珍視自我表達的自由開放氛圍、鼓勵孩子與老師及其他孩子間的分享、將競爭與外在獎勵減至最少。他們並提出引導幼兒創意行為的策略有三：合作共同解決問題、探索式遊戲與方案教學。

（九）詹文娟

我國幼教學者詹文娟（2003）所提出之幼兒創造性教學模式，有九項實施要點：充實相關知能以建立創造起點、提供有利於創造的身心環境、提供創造機會以鼓勵大膽嘗試、提供恰當與充足的創造素材、提供充足的創作時間、提供恰當的問題與思考訓練、激發創造動機及

鼓勵堅持、考量個別差異及避免一致性、鼓勵精益求精提升作品品質。

（十）魏美惠、周淑惠

另一幼教學者魏美惠（1995，1996）提出培養兒童創造力之方法為：民主式的教養方法、教師自我成長與實施創造性教學、布置學校與教室情境、強調感官與自然教育、慎用教材教具與選擇開放的教材教具、鼓勵兒童戲劇遊戲。有關教師實施創造性教學包括：鼓勵學生思考發言、延緩批評、鼓勵從不同角度看問題、善用發問技巧、活潑富變化的教學內容與方式、尊重個別差異。而筆者曾提出實施創造性教學的基礎為：營造支持性的氣氛、建立自由選擇的環境、提供開放性的教材、詢問思考性問題、扮演低主導性角色（周淑惠，2002）。

綜上所述，幼兒教育專家對於培育幼兒創造力的共通看法是：(1)目標：以全人發展為綜合考量；(2)課程：實施探索性、遊戲性與統整性課程；(3)教學：富變化與挑戰的活動，強調同儕交流與各種表徵方式；(4)環境與資源：提供多元的創作空間與自由選擇的遊戲空間，以及豐富多樣的材料；(5)氛圍：創設可嘗試錯誤、獨特表現的心理環境；(6)情境刺激：提供豐富多樣的情境刺激；(7)允許足夠的創作時間。特別值得一提的是，創造力應是透過各領域教學全方位地加以統整培育，幼兒也需要相關知識與能力去表現其創造力，而主題課程具探究性、遊戲性、表徵性與統整性，是創造性教學之最佳實施平台。

四、小結：幼兒創造性教學模式

以上無論是由統整匯合理論的創造力表現影響要素切入論述，或是由匯合理論學者及幼教學者所提創造性教學觀點綜合歸納，其結果均

相當一致。筆者綜合上述，提出一基於社會建構論的「幼兒創造性教學模式」——在師生共同成長與建構下，創造力成為社群共同語言；孩子在探究與遊戲的統整性「主題課程」中自信與多樣地表徵，享受心流經驗，教師則扮演夥伴與引導者等多元鷹架角色。具體言之，教師在設計主題課程與各領域活動時，要同時考量學習環境（如角落空間、展示空間等多元空間）的規劃與布置，以及資源教具的選擇、製作與運用，無論是活動本身，抑或是教具資源、環境方面，均可以是富有創意的。而其後於主題進行時的引起動機、各個主要活動、統整暨評量等每一環節，教師皆可創意切入，運用創造力活化與開放教學，使之有趣、具挑戰性，提高學習效果，並且搭建十項鷹架支持幼兒的學習。至於評量其實是發生於整個主題進行歷程中的任何環節，是歷程性評量與真實評量，為了凸顯本模式的每個流程步驟，故評量僅於主題統整處標示。而相對地，幼兒在探究、遊戲與表徵的循環歷程中，則須經常運用創造力為之因應，自然有利於創造力的提升（如圖 3-4 所示）。此一模式充分呼應筆者於第一節中所揭示之幼兒創造性教學之定義：「教師運用創造力活化與開放教學，讓學習對幼兒而言不僅是有趣、挑戰、能運用創造力，而且是有效果的，這個效果意指全人均衡發展，包含創造力部分。」

圖中紅色循環圈狀的箭頭代表幼兒不斷地探究、遊戲，然後將探究結果表徵或於遊戲中自然表徵，它是幼兒創造性教學的核心精神；而教師則扮演夥伴在旁並搭鷹架支撐幼兒的探究、遊戲與表徵的多元角色（十項鷹架）。特別一提的是，在此所指的遊戲是探索取向、能產生可能性思考的遊戲，包含想像扮演遊戲，也就是遊戲歷程中能不斷地探索與尋找各種可能答案或解決方式的遊戲，而非泛指一切的遊戲。至於整個教與學的歷程是籠罩在安心探索與表達的民主氣候以及繼續精進的成長氛圍中（如圖 3-4 上方雲狀物），教學環境則是可探

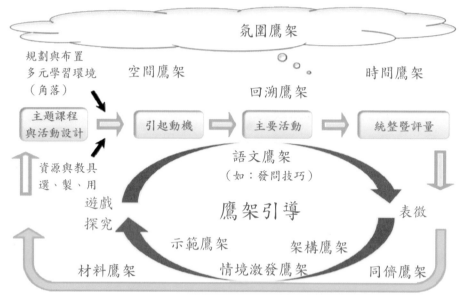

圖 3-4 「幼兒創造性教學模式」圖

索、遊戲與欣賞的多元激勵環境。圖 3-4 也適用於個別的教學活動，顯示活動由引起動機開始，歷經主要活動流程，到統整暨評量的循環歷程；而在活動中，幼兒忙於遊戲、探究並表徵，教師則在旁觀察適時給予鷹架引導。以上整個模式是建立在師生共同建構的理念上，誠如 Fisher 與 Williams（方德隆譯，2007）所指，若要協助兒童發展創意，就必須樂於觀察、傾聽並與其一起密切合作，形成探究社群、相互對話。

以上顯示在創造性教學中，教師與幼兒均為主體，不僅教師要運用創造力，幼兒也必須運用創造力，共同建構創意社群。此一模式相當符合美國幼兒教育協會（National Association for the Education of Young Children，簡稱 NAEYC）所頒「適性發展幼教實務」（Developmentally Appropriate Practice in Early Childhood Programs，簡稱 DAP）之五項指

引：建立一關愛的學習社群、教學要促進發展與學習、預先規劃課程
以達重要目標、評估孩童的發展與學習、與家庭建立互惠關係（Copple
& Bredekamp, 2009）。有關本模式之課程與教學、特徵及實質內涵將於
第五章「主題課程變變變：幼兒創造性教學 X」、第六章「教學活動變
變變：幼兒創造性教學 Y」，與第七章第一節「人事物全面變變變！」
中，配合所提供之課程、教學、環境與資源實例，進一步分別闡述
之。

CHAPTER 4 創造力大補帖：樂活創意與巧變創意

創造性教學是老師運用創意於教學，而且在教學過程中幼兒也能發揮創造力；前一章焦點在幼兒，本章則將焦點移至教師身上。又根據筆者所揭示幼兒創造性教學模式，老師必須扮演多元鷹架角色，既是引導者，也是守門人，更為示範者，其角色猶如迷航中掌舵的舵手般重要。所以教育實務工作者首要自我成長、作一個富有創造力的人，如同 Craft（2000）所言，教師能了解自身的成長需求並先滋養自我，才能培養他人的創造力。本章主要目的在說明教師滋養創造力的大補帖，即創造力法寶。

第一節　創造力大補帖緣由

針對教師提升自身創造力的方法，筆者提出含括三大法寶的創造力大補帖：「去除創障」、「活於創意」與「巧變創意」。這三大法寶是筆者奠基於創造力影響因素的分析，並統整學者所提創造力提升方法相關文獻以及坊間創造力強化技法所歸納而來的。創造力影響因素關乎個體創造力之發揮、表現，是基於諸多理論探討而來，經綜合坊間研發之創造力實務技法與相關文獻，對於創造力提升與表現，必大有效用。

一、由影響因素論創造力提升方法

　　根據第二章「栽種盆花」譬喻之創造力定義與創造力表現影響因素之分析，幼兒創造力的發揮是需要諸多相關資源的交融與互動，這些資源暨影響因素大體上可分為個體知能與特質、外在環境與創造歷程三大因素；而在另一方面，教師必須運用創造力才能實施創造性教學，因此創造性教學若欲發生效果，也需要強化教師的創造力，從教師個體、其創造歷程與周遭環境三大影響要素切入加以探討。

（一）教師知能與特質因素

　　承第二章影響因素之分析，個體因素包括領域知能、創造能力與創造人格特質，均須有意願於創意過活，在生活中刻意「練習」，方能獲致，如流暢力、變通力與獨創力等；也須自我「涵養」與創造力有關的人格特質，如好奇與想像、挑戰與堅持、開放與成長，及強烈動機等。尤其內在動機是創造力發揮的驅動力，教師要找出自己的領域興趣，「充實」該方面知能，以體驗心流經驗；而在主題課程相關知能上則需與幼兒「共同探究」，努力追求專業成長。此外還須有心「破除」多源於心理因素的創障，例如：將外在因素當藉口、慣性與惰性、自我設限、缺乏自信、自滿於現狀等。而以上練習、涵養、充實、共同探究與破除，均繫於教師是否有意願並能身體力行。有趣的是，第三章曾提及幼兒教師多半富有愛心與童稚心，較能欣賞幼兒並能與幼兒一起玩耍創意，是幼兒創造性教學的利多因子，因此幼兒教師應持續「展現」這些特質，並戮力於增能展力以及涵養其他創造的人格特質。

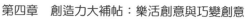

（二）教師創造歷程因素

　　其實教師運用創造力於教學的歷程，是與幼兒的創造歷程多所重疊與相關的，教師必須作為幼兒的夥伴與支持者，關注幼兒的創造歷程與表現，解決創造性教學中所有問題，以利幼兒創造表現。而實質的創造歷程與教師個人所具創造人格特質、創造能力與領域知能狀況密切相關，尤其是人格特質部分，因為創造歷程是冗長、不確定的，從潛藏的意識、萌芽到創意呈現需要一段醞釀時間，而且它也是一個充滿荊棘、不斷解決問題的歷程，個體必須具有強烈動機與意志力、勇於面對困難、不斷調適心情，方能成事。此外在創造思考歷程中，也要運用領域專業知能與創造能力——擴散思考產生創意以及批判思考評選與修改創意，才能產生有品質的成果。而如上所述，這些特質與知能乃繫於個體是否有意願自我形塑與付諸行動自我成長。

（三）教師外在環境因素

　　環境因素很廣泛，包含家庭環境、學校環境與社會文化環境，當然最直接影響的是幼兒園環境是否支持教師的創造性教學。通常而言，私立園所教師工作時數較長，已婚的女性幼兒教師必須面對家庭角色與幼兒園辛苦教保工作的兩難境遇，或多或少都會影響教師的表現。然而，外在環境端賴個人的正向心理詮釋以及是否願意克服不利環境的人格特質。一般而論，在一個支持暨挑戰的激盪環境與民主暨成長的社群環境中，可以適度激發興趣與潛能，擴展教師的近側發展區，支持其創意表現，因此創造力也應成為幼兒園社群共同的語言，全園共同成長與建構。論及於此，教師要以社群促動者自居，努力建立創造力社群，而身為幼兒園領導者或管理者也應以此為念，大力展現課程領導，促成社群的運作。

　　綜上分析，可見教師自身在創造力的表現或發揮上，占關鍵地位，無論是領域知能、創造能力與創造人格特質，均有賴教師自我追求專業成長與陶鍊之心；又創造歷程的順遂與否與擁有某些個人特質與創造知能相關，取決於個體是否願意付出心力陶冶，而外在環境方面也繫於個體的解讀與勇於面對。職是之故，教師必須破除心理創障，將創造力視為成長目標與生活習慣，用心與用力地「活於創意」，期能達到「樂活創意」境界，並進而於教學上「巧變創意」。

二、由坊間創造力技法論創造力提升方法

　　坊間商業公司與一些學者針對個體特別提出強化創造力的相關技法，如提出橫向（水平）思考法的 Edward de Bono、腦力激盪法的 Alex F. Osborn、強迫關係法的 Charles S. Whiting、借喻比擬法的 William J. J. Gordon，這些特別技法經筆者整理如下，將另闢專節敘述（第三節）。有些學者如 Csikszentmihalyi（1996）則認為，其實只要在生活中活於創意並實際運用創造力，想出多種的、不同的與不可能的想法，即能達到這些訓練方案的目的。筆者也認同此一觀點，但鑑於人難免

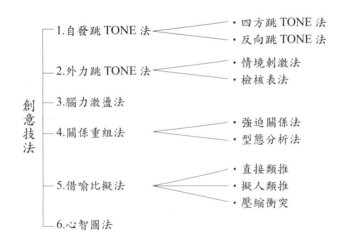

有枯竭乾涸之時，需要外力點化與激發，而且坊間技法也是經過多方研發淬取，因此可適度加以援用，以達巧變創意目的；但是不能完全依賴它，更重要的是「樂活創意」，從生活中做根本改變。

三、由學者觀點論創造力提升方法

有一些學者針對一般個人而非學童，提出如何提升個體創造力之法，這些方法乃基於研究結果，提出在生活上的一般性建議，頗值吾人參考。

（一）Csikszentmihalyi

前面提及 Csikszentmihalyi（1996）研究91個有創造力人士的經驗，他綜合這些研究結果提出提升個人創造力的處方，即「如何獲得創造的能量」與「如何運用創造的能量」兩項具體性建議。Csikszentmihalyi 所提出之如何獲得創造能量，類同於筆者之用心與用力地「活於創意」；而他所提之如何運用創造的能量，是在生活中真槍實彈地運用創造力，想出愈多的、不同的與不可能的想法愈好，其實也能達到一些坊間訓練創造力方案的效果。茲說明如下。

1.如何獲得創造的能量

Csikszentmihalyi 提出以下四種方式以獲得個體創造的能量。

(1)激發好奇與興趣

意指聚集創造能量，重生孩提時代就有的好奇心，以驚奇面對世界，因為沒有驚奇，生活變為例行、索然無味。具體的作法包括設法每日驚豔於一些事、每日至少驚訝一個人（做或說一件非常態的你所會表現的）、寫下每日讓你驚豔的事與你如何驚訝別人，以及以行動回應激起你注意或興趣的事物等。

(2)培養日常生活中的心流經驗

激起好奇心雖然很重要，但不會持續太久，除非我們學習去享受好奇的心理狀態，讓注意力集中與沉醉於新知、新經驗的追求。具體的作法是每日晨起時以特定目標讓自己有所期盼，其次是試著將每件事做好並享受它，以及增加所從事事務的複雜度、不斷自我挑戰，並持續享受該事務等。

(3)建立生活習慣以保護創造的精力

當創造能量被激醒後，必須去保護它，建立生活習慣是一個重要方法。具體作法是掌控行程計畫並善用最佳精力時間、挪出時間放鬆與省思、潔淨空間並將物品歸定位使能專心工作，以及找出生活中喜愛與討厭之事務並多做所喜之事等。

(4)形塑自我的創意特質

創造的人格特質通常是雙面的、相當複雜的，如既是開放與接受又是封閉與專注的，你必須探索與發展你所未具有的相反特質，例如：你是很理性的人，試著發展感性特質；其次是在開放與封閉中轉換，因為有創意的人通常始於開放與接受各種可能，繼之能專注於創作與批判；最後則是追求複雜、挑戰自我等。

2.如何運用創造的能量

Csikszentmihalyi 認為，動機、習慣與人格特質均到位後，創意能量開始自由流動，但是每日生活中如何解決問題的心智運作，即如何運用創造能量，也很重要。

(1)尋找問題與解決問題

有創造力的人通常是充滿驚訝的，質疑顯而易見之事，不認為凡事理所當然，並能意識問題的存在。具體的策略包括尋找一個方式去表達令你感動之事、從愈多觀點看待問題愈好、思考出問題的真正意涵

與執行解決的方案等等。

(2)運用擴散思考產生愈多的與不同的想法愈好

當遇到問題或進行一件事時，儘可能想出愈多想法與可能性，坊間有許多商業性技法如腦力激盪即在促進擴散思考三面向：流暢力、變通力與原創力。其實以下建議也可產生相同的結果，例如：儘可能產生「愈多」想法愈好、儘可能產生「愈多不同」的想法愈好，以及試著產生「不太可能」的想法。

(3)選擇一個特定領域

先找出你最喜歡、最有興趣之領域並從那兒開始，以利於產生陶醉忘我的心流經驗，心有餘力才逐漸移轉到相關領域。

（二）Craft

Craft（2000, 2002）基於個人實徵研究從教師創造力持續專業發展的觀點，提出滋養創造力的方法，它有三項特徵是有別於一般的專業成長形式：第一是強調「回饋」的角色，教師必須透過與他人互動給予及接收回饋，探索激發或限制創造力的人際動力因素；第二是運用各種方式刺激與喚醒個體非意識層面，使之浮出檯面、有機會發展；第三是創造力專業成長必須符合特殊的個別需求與興趣。至於創造力持續專業發展的五個原則如下，這三項特徵與五項原則也是非常強調個體付出心力與行動，即以上筆者所歸納之活於創意。

1.開放心胸

我們必須對很多事物、想法、直覺等持開放與接納心態，這也有助於喚醒內在自我的非意識層面。

2.解放個人非意識層面

教育者解放其非意識層面包含幾個實用策略，例如：審視事物背後

意涵（即省思）、給予自我空間如放空與放鬆、「傾聽」與寫下自己的夢與白日夢、運用想像使意象在心中形成等。簡言之，就是給予自我非意識層面一個管道與機會能明顯浮現出來。

3.自我尊重與持有願景

要培養自己具有作為一位教師的尊嚴，即看重自己並對自己的專業具有信心，以及對未來充滿願景、有努力的方向。

4.合作但有專業自主空間

能與人關聯互動是教師自我滋養的重要方式，但是能與人合作，同時也要能做自己、不受制於他人，兩者均很重要。

5.建立人際關係

能與他人、學生動態地互動，建立良好關係，對創造力的發展也是必要的。

（三）Fisher 與 Williams

Fisher 與 Williams（方德隆譯，2007）從個人顯現創造力的四大關鍵特徵論述如何增進創造潛能，這四大特徵是動機、激發、孕育與協作。同樣地，它也呼應了筆者所指之活於創意。

1.動機

創造力表現的第一個關鍵是要有動機，也就是有目的、意圖與熱情，個體必須知道這樣做是有價值的，才會有熱情啟動創造力的引擎。

2.激發

自我或外在情境的激發，會促動人們表現創造力，例如：個人內在

好奇心的驅使，會讓個體專心尋求答案，而外在資訊或情境上的刺激如參觀、結交新朋友、閱讀新書等，都可能激發人們的靈感、增進創造力與其表現。

3.孕育

創造性表現需要投入時間去思考與運作，而且創造力通常與內見、直覺、潛藏的意識有關，需要一段時間去沉澱、思考與萌芽，才能讓隱藏於知覺之下的潛意識逐漸清晰浮出。

4.協作

創造力也需要社群與夥伴的支持與幫助才能彰顯，如同 Vygotsky 所指，透過學習夥伴的協助，能創造近側發展區，提升我們潛在的能力。

（四）Sternberg 與 Lubart

Sternberg 與 Lubart（1995）指出，創造力是可以發展的，取決於是否把買低賣高當成生活習慣；有一些創意人所使用的方式可以幫助吾人有所創意表現，這些方法即類同於筆者所提之活於創意：(1)從不同面向看待事物，重新界定問題；(2)在環境中尋找不被人愛的線索，並以新方法組合或作類比運用；(3)學習篩選好的想法並投注心力；(4)在某個領域有一些知識並敏銳知覺投注心力之處；(5)著重整體思考但也要能流暢轉換於局部與整體；(6)以堅持毅力克服障礙並願意成長；(7)找出有興趣之事，培養內在動機；(8)創設一個對創造有利、能回報的環境；(9)個體知能與特質必須是有一些基本門檻的，但與其他資源間的關係是互動而非相加的；(10)有意願創意過活，如重新看待事物、願意克服成長等。他們兩人並指出創造力最大的障礙在於個體如何看待世界，如果決定以創意目光視之，創意表現機會就可增進許多。

綜合以上論述，要擁有創造力或表現創造力，個體心力付出是必要的。就此，筆者提出的創造力大補帖含括三大法寶：「去除創障」、「活於創意」與「巧變創意」。去除「創障」是除去生活中阻擾創造力或創造潛能發揮的因素，活於創意是在生活中用心與用力地親近創意與試圖表現（把玩）創意；相對而言，去除創障似乎是較為消極的作為，不過卻是活於創意之先決條件，兩者必須相輔相成，個體才能趨於「樂活創意」之最高境界。值得注意的是，教師有時也會枯竭、無力，需要外力或技法的加持，方能源源不絕、「巧變創意」，猶如大力水手有時也需依賴菠菜滋補，方能增能展力、逢源得意。以下兩節分別就樂活創意與巧變創意兩項法寶，加以敘述。

第二節　創造力法寶：樂活創意

筆者很喜歡最近流行的「樂活」（LOHAS, Lifestyle of Health and Sustainability）概念：與健康及自然環境共生共存、永續發展的生活型態，sustainability 是永續發展之意，借用此詞與概念，身為現代社會的每一份子也要「樂活於創意」，與創造力共生共存，方能永續發展。第一章曾提及創造力的重要功能不僅能解決生活上與工作上的問題，而且也可讓自己生活多姿多采、快樂自信；尤其在面對競爭、動盪與生活中各樣壓力之際，「樂活於創意」：去除心理上的創障，親近創意人、事、物並嘗試於生活中玩耍創意，進而臻至享受與悠遊創意境界，則更顯得珍貴，猶如荒漠中的甘泉，讓人們充滿能量得以永續生存於這個社會。英國 NACCCE 明白指出，培育創造力最佳的方式是「活現創意」（being creative），即實際操作與涉入，而非在旁觀望（NACCCE, 1999, 引自 Joubert, 2001）。提出與創造力相當類同的「水平思考」的 de Bono（1970）認為，水平思考既是一種運用資訊的方式，而且也是一種看待與面對問題的心智態度，所以他鼓勵經常於生活中練習以養成水平思考習慣。又我國學者吳靜吉（2002）則指出，培育創造力之法是要強調創造力歷程與樂在其中的體驗。以上在在顯示活在創意中並實際表現創意的樂活創意對個體發展創造力是很重要的。

樂活於創意的最高境界是享受「心流經驗」，這是 Csikszentmihalyi（1996）訪談 91 位各行業有創造力的人士後所提出的，這些創意之士雖然多所不同，卻有一個面向是共同的，那就是他們都喜歡所從事之事，並享受忘了自我、時間以及心思高度專注的心流經驗感受。這歡愉的心流經驗感受之特徵為：每一步都有清楚的目標、都能知道自己

每步行動做得如何、在挑戰與技能間得到平衡、心思與行動是結合一體的、對眼前之事高度專注、不憂慮結果或失敗、忘掉自我、忘卻時間、活動本身就是目的就是有價值的。而想要達到享受創意、悠遊創意的樂活創意之最高美妙感受，首須了解個人的「創障」是什麼並設法克服，以及於生活中接近創意與小試創意（活於創意），才能臻抵樂活創意境界，進而巧變創意；就教師而言，才能於教學上巧變，滋養孩童的創造力。以下分別論述去除創障與活於創意。

一、去除創障

　　「創障」是指運用創造潛能的障礙，如同肢障、智障一樣，也需設法面對或療育，我們每個人都要檢視與了解自己的創障是什麼，並設法正向以對或克服它。Raudsepp（1981, 引自陳龍安，2006）將阻礙創造力發展的因素分為個人因素、解決問題的障礙、環境與組織的障礙與其他四大類。個人的障礙包括態度不積極、缺乏信心、害怕被批評、抱持錯誤的成功概念、早年挫折或傷害、缺乏正向感覺與情緒、慣於熟悉情境、順服權威或他人等 13 項障礙；解決問題的障礙包括只願想出一個想法、太早下判斷、忽略想像力的運用、固執鑽牛角尖、沒有目標與計畫等九項；環境與組織的障礙包括家庭、學校與組織三大面向，主要原因是人們怕麻煩與負責任、不願創新改變、寧願墨守成規；其他因素包括缺乏遠見、缺乏敏感度、缺乏冒險進取、過於自我保護、偏執不妥協、缺乏開放心靈等 24 項。依以上 Raudsepp 之見，似乎形成創障的項目極多，然而仔細檢視，個人因素、解決問題的障礙、環境與組織的障礙與其他四大類障礙，多與個人的心理因素與心態有關，或導源於心理因素。

　　Shallcross（1981）指出，阻礙個人創造潛能的發揮有來自於歷史威

權統治挾制與宗教戒規限制、生理缺陷羈絆、社會規範限制與個人心理因素等四大項緣由，然而其中以心理因素為最大、最明顯的障礙，因為各項障礙乃均透過個人心理層面的過濾與解讀而加以認定的。事實顯示，人們經常以一些外來因素為自己沒有創意表現找藉口或脫罪，但是像貝多芬、海倫凱勒等人卻也能努力掙脫生理枷鎖，且又表現非凡，足以說明個人心理因素是創障的主要來源。筆者非常贊同 Shallcross 的觀點，雖然可以形成創障的因素很多，但是完全取決於個人的心態。

　　Shallcross（1981）明確指出一些內在心理因素確實阻礙吾人的創意表現，諸如：(1)被慣性思考與行為所制約、難以改變，因為改變很麻煩或懶得改變；(2)自以為想當然爾、自我設限，即自己給自己的限制，其實情境上並沒有被侷限；(3)惰性，即使有充分訊息，也懶得花心思投入；(4)心思太嚴謹、沒有彈性變化空間；(5)其他如害怕失敗或冒險、害怕與人不同、習於跟隨他人腳步、接受命運與角色等。除以上幾項因素外，筆者認為缺乏自信、否定自己、認為自己天生沒有創造發明能力，以及自滿於現階段社經地位或階層、不願花腦筋成長，兩項也屬於心理因素，均會限制人們的創意表現（周淑惠，1998）。又魏美惠（1995，1996）也提及阻礙創造思考的因素，包括社會文化因素、個人因素與教育環境，她特別指出個人心理障礙，例如缺乏自信心、比較心態、缺乏安全感、怕人批評、不敢嘗試新事物、缺乏遠見、鑽牛角尖、得失心重等，是培育創造力必須正視的問題。

　　Bowkett（賴麗珍譯，2007）提出阻礙創意思考歷程的因素計有 12 項，這些因素也多半是與心理因素有關：(1)恐懼犯錯，恐懼提出錯誤的答案，恐懼自己看起來很愚蠢；(2)恐懼改變；(3)恐懼事情的後果；(4)思考習慣難以接受挑戰；(5)語言架構難以接受挑戰；(6)思考的原則難以接受挑戰，理解模式屬於倉促型；(7)無條件地接受「絕對真

理」；(8)習於熟悉的事物和令人舒適的事物；(9)堅決地確定；(10)持續的自我懷疑與負面的自我評價；(11)過度依賴理性思考、外在的權威、經驗；(12)不願意探究、不願意實驗、不願意玩索。

　　簡言之，個體創障多源於心障，從上節影響個人創造力表現因素之分析，亦呼應此一論證。就常理而言，個人、歷程與環境三大影響因素中的任何一項若有匱乏或窒礙不通，均會對個人創造力表現或發揮造成相當大的阻撓，形成創障，例如：缺乏創造知能、缺乏堅持力、缺乏有利創造環境等；不過，筆者也提出，個體自身的意願與動機在創造力的發揮上占關鍵地位，只要個體願意用心與用力地自我成長與陶冶活在創意之中，並身體力行、巧變創意，創造力是可以發展表現的，任一因素的匱乏或窒礙不通就不再是創障了。

　　在另一方面，Csikszentmihalyi（1996）認為，每一個人都有潛能去過創意的生活，然而有四項因素（障礙）讓許多人無法表現這個潛能：(1)有太多的需求讓精力殆盡，無法啟動心理能量；(2)太容易分心，不知如何保護或疏通我們所擁有的能量；(3)太懶惰，缺乏控制能量的紀律；(4)不知道要用自己的能量做什麼。所以如何防避以上四項障礙，釋放我們創造的能量，就顯得很重要。這四項現實因素確實也是阻礙個體發揮創意的要因。針對以上第一項障礙，筆者頗有同感，Craft（2000）亦曾言，創造力專業發展最大的障礙是因教師工作範圍廣、角色複雜與工作量大所引起的抗拒。尤其是幼兒教育實務工作者，很多私立幼兒園教師不僅單獨帶班，必須兼顧教育與保育，而且還須跟隨娃娃車、執行導護工作與兼任其他行政工作，早上七、八點上班直到下午六、七點後父母來接小孩才下班，一天下來已經元氣耗盡；若加上負面心態與不會善用與管理時間，可能日復一日於沉重的工作中奄奄一息。所以跳脫「心障」與現實羈絆，持正向與積極態度去面對與管理自己的生活，才能從外在桎梏中解放自己，猶如視力不

清的你，當戴上一副彩色近視眼鏡時，你的世界就變成清晰絢爛的，而戴不戴眼鏡與戴什麼眼鏡之選擇權在於你自己。

　　總之，個人創障可能來自於個人的環境，如工作負擔與現實狀況、社經地位與角色、身心健康狀況等，然而這些情境都必須經過個人內心的詮釋與解讀，同樣一件事情或情境，對不同的人，反應也不同。也就是說，許多的障礙是自己形成的，只要個體不認為是障礙，或以正向態度看待阻撓因素，障礙就不再是障礙，心理的障礙反而是更大的障礙。重要的是，無論是境障或心障，均要勇於面對，正向詮釋、變通思考，或是試圖克服與解套，因此去除創障的最高境界是心境上的去除、變通或正向面對。筆者贊同 Craft（2000）所指，作為一個教育者，一定要先了解自己需要什麼與滋養自我，才能滋養他人；不過更認為教師也需了解自己的創障是什麼，在心境上變通、正向以對，並採取必要積極行動克服之，才是治本之法；因為去除創障才能做到活於創意並臻至樂活創意境界，進而有利於巧變創意。你曾檢視你的創障是什麼嗎？而又在檢視與了解你自己的創障後，曾試圖變通心境或設法克服你的創障嗎？

二、活於創意

　　「活於創意」係指在生活中用力與用心地親近創意的人、事、物，儲存創造的能量，亦試著將創造力於生活層面中運用與展現出來。它與個人生活不可分，一方面儲存個人創造能量，一方面也在生活中嘗試運用創造能量，在儲存與運用循環下形成生生不息活水狀態，是第一章提及小 c 創造力的最佳寫照，其具體策略有四，如下所述。

（一）親近創意標的：接觸富創造力的人、事、物

實施創造性教學的教師具有積極汲取新知，以及在教學上扮演創意教師的特質（張蕙伊，2010）。筆者深有同感，認為儲存創造能量最重要的是汲取能量——接近有創造力的人物、事物、產品與作品，讓這些獨特、新奇的人、事、物開闊你的眼界，滋養你、刺激你，為你搭構創造性教學鷹架，然後你才能釋放能量，創新教學。換言之，即為大膽「嚐鮮」，「嚐」意味品嚐；「鮮」蘊含珍稀、獨特（鮮少）、新奇（新鮮）、好品質（新鮮）之意。而嚐鮮之道如下。

1.上網瀏覽

拜科技之賜，嚐鮮最便捷之法是瀏覽網站，在各搜尋網站或 YouTube 網站打入創造力、創造性產品、創意影片等相關字詞，就會有一堆網站、部落格、影片、資訊出現，等你去探索與觀賞；甚至 Google 網站也可依你所鍵入的要求，定期寄送創造力相關資訊給你。養成定期上網瀏覽，一定會讓你享受這嚐盡天下鮮物的美好與興奮感覺。

2.旅遊

行萬里路讓自己處在完全不同的境界，浸淫不同的文化與藝術，不管是短程或遠程，也是很重要的嚐鮮方式。Runco 曾提及：「旅行可以促進觀點的轉換，這樣的轉換有助於創造思考，因為它提供新的想法與選擇，讓人們免於固著與一成不變。」（邱皓政等譯，2008：374）。筆者曾記得多年前到北歐一遊，那兒講求藝術、美感與設計，深深抓住筆者的目光，讓筆者驚豔不已，也滋潤乾涸已久、潛藏於筆者體內的繪畫細胞（從高中一年級起因升學考試壓力，筆者就從未畫過圖）；圖 4-1 即是當時的隨興之作：書籤，雖不登大雅之堂，但卻讓筆者沉醉、享受，心情大為愉悅。若是財力有限，國內也有許多鄉野

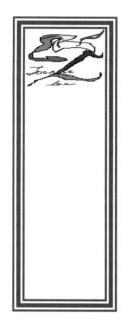

圖 4-1　北歐之旅的書籤創作（筆者）

角落或市鎮值得探索；若是時間有限，多逛街、欣賞櫥窗與商品以及街道百象，也會讓自己嚐到一些新鮮事物。

3.聚會

參與各類型聚會是接觸不同人的最好機會，與不同行業或領域的人相遇、相切磋，如公益社團活動、藝術研討會、難得的市集、久違的小學同學會，也是一種嚐鮮方式。

4.觀賞展演與參與活動

觀賞展演如戲劇演出、創作展、博覽會、商品展、演唱會、圖書展、玩具展、家具展等，以及參與活動如嘉年華會、市集活動、競賽活動等，均是很有效的嚐鮮方式。

5.其他

諸如閱讀書籍、雜誌、平面媒體，或是欣賞電視節目等其他方式，也可以汲取新知、飽足嚐鮮，甚至有許多電視節目打著××智慧、創意××、××變變變，均是上選之作，有利創意激發。

（二）啟動創意情懷：開放與變通

在嚐鮮之際，也要伴隨開放的心胸，欣賞與接受各樣新奇的人、事、物，這樣才能有後續的能量增生，嚐鮮才有價值。開放的心胸是好奇、冒險、探究等創造力情意特質的開展，足以激發興趣與動機的漣漪，為創意表現奠基。換句話說，每天均要懷抱開放的心胸，不僅喜於接觸周邊多樣的人、事、物，而且也能樂於欣賞、驚豔周邊不同的人、事、物。建議可以試著把每日驚豔記錄下來，一方面蒐集萬寶豔事，一方面省思何以驚豔之因，藉以激勵自己朝此方向邁進。此外誠如前面所言，心境上「變通」也很重要，尤其是每天忙於照顧幼兒、無喘息機會的幼教實務工作者，更要做一個彈性變通的人，正向看待自己的生活與周遭世界，常言道「塞翁失馬，焉知非福」，心態上稍微彈性調整，反而由失落走向福樂境界。有了心態上的變通才能引發後續行動的變通，正所謂「條條大道通羅馬」，而策略稍微彈性變化，反而由荊棘走向康莊大道。當你以變通心態面對世界，一切紛爭、衝突、壓力似乎已經不再那麼嚴重了，甚至問題自然迎刃而解。這一切全繫於你是否願意做一個心境上「變通」的人。

（三）甦醒創意潛能：沉澱與放空

沉澱與放空是釋放自己被捆綁的心智與身體的最佳方法。在忙碌的工作行程中，我們需要給予自己空間與時間褪去包袱，完全淨空、放

鬆，一方面才能有全新充沛的能量走更遠的路，一方面讓自我內在微弱的聲音或潛藏的想法，有機會萌發或被注意。建議每週至少要有一次到兩次的沉澱與放空，即使只是一個小時到野外或公園走走、咖啡廳喝喝咖啡也好。最簡便的方式如利用孩子睡著後的沐浴時間，洗個加長的燭光浪漫泡泡浴，浴後披上大毛巾浴袍於沙發品酒小憩，或到頂樓遙望星空、欣賞音樂等，然後舒服入睡，均可淨空自己，進而與自己內心深處對話。別懷疑！浴室、床上與巴士上是三個能得到最棒創意之處（邱皓政等譯，2008），放鬆自己讓思緒神遊吧！

（四）試圖創意表現：挑戰與成習

活於創意不僅每日要樂於開放地「嚐鮮」，而且也要喜於大膽地「嘗鮮」：嘗試新鮮舉動；前者「嚐鮮」比較是接觸、享受新鮮人、事、物，後者「嘗鮮」則比較是更進一步以自身行動嘗試表現新意。建議每日起床時計畫與期盼自己今日要「嚐什麼鮮」與「嘗什麼鮮」。就嘗試新鮮舉動而言，是指儘量懷抱赤子之心，在每日生活中做些有創造力的事或從沒有做過的事，例如：在食衣住行育樂各方面挑戰自己、大膽表現，讓自己天天有新意；並使之成為生活習慣，儘量每天都要做到，即使是改變一頓餐點、將舊衣變化搭配、做一件從未做過的事、與孩子玩一個從未玩過的遊戲等都可。而在嘗試新鮮舉動時，就要運用「擴散思考」想出愈多不同想法愈好，或者是運用「可能性思考」設想還有什麼可能性與替代方案，因為「可能性思考有如創造力的引擎」一般（Craft, 2000: 8），能積極促動後續行動。

總之，在去除心障並以變通、正向態度面對境障後，繼而親近創意，持續秉持開放與變通之心接納人、事、物，淨空與放鬆讓創意潛能有機會發芽，並大膽嘗試天天在生活中小玩創意，如此滋養身心、

獲得充沛創意能量，才可能在工作上或教學上散發能量、具有新意，進而影響他人，達到享受與悠遊創意之「樂活創意」最高境界。一言以蔽之，樂活於創意是創造力秘笈中的最重要法寶。

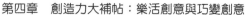

第三節　創造力法寶：巧變創意

去除了個人創障，也持開放與變通之心親近創意的人、事、物，並在每日生活中小玩創意，但是有時也會力有未逮，失去新意、有所限制，此時則需外來力量的加持或特殊技法的滋補，方能思緒泉湧、巧變出創意。本節即在敘述能幫助我們巧變出創意的一些坊間常用的創造力訓練方案或技法。

在討論各種創造力技法前，筆者首先要提到提出「橫向（水平）思考」的 Edward de Bono，因為他所提出的橫向思考各項技法非常廣泛，大部分涵蓋或類同於坊間所有訓練方案或技法。de Bono（1970）將人類思考分為直向思考（vertical thinking）與橫向思考（lateral thinking）兩類，橫向思考與創造思考有關，必須與直向思考互補。而直向思考即為邏輯思考，旨在依邏輯思路的正確線性順序，尋找一最佳解決方案；橫向思考相對於邏輯思考，則在強調向旁延伸，啟發性地運用資訊，以帶來情勢或想法的重新組合，產生豐沛的替代方案，兩者基本上截然不同，如表 4-1 所示。基本上橫向思考的本質為：(1)關心的是改變固定的型式（pattern），如觀念、想法、意象、看待事物方式等；(2)重新組合資訊使成另外的可能型式；(3)既是一個看待事情的態度與不評斷的態度，也是運用資訊的方法；(4)與心智的資訊處理行為直接相關。

de Bono（1970）並提出橫向思考的許多技法，包括產生另類替代方案、挑戰既有窠臼想法、向前創新思考、先探索（錯誤）不先急於下判斷、實作設計、找出主宰的想法並不受其宰制、將問題或情境細分成部分後再重新組合、上下裡外反轉之反向思考、為水平思考正式練習情境的腦力激盪法、以類推比喻的情境或方式引發另類思考、轉

表 4-1　直向思考與橫向思考之比較

	直向思考 （垂直思考）	橫向思考 （水平思考）
1	排除其他（評斷後）以選擇一路徑	試圖開展其他路徑
2	有移動方向才移動	為產生方向才移動
3	是分析性的	是啟發性的
4	是有步驟順序的	是可以跳躍往任何方向的
5	思考時每步都要正確	思考時可以是錯誤的以開啟替代性方案
6	使用否定排除一些路徑	沒有否定
7	集中當下並排除無關的	歡迎外在影響或介入以啟發想法
8	跟隨與採用最有可能的路徑	探索最不可能的路徑或想法
9	有一個限定的程序	是一個可能性的追求

資料來源：整理自 de Bono（1970）書中標題敘述

換或是跳脫焦點或切入點、隨機刺激法、避免兩極化思考等數項技法。他強調這些技法要經常練習，以促進水平思考，產生多樣替代想法。此外，針對人們太愛評斷正確或錯誤，習於說是、對（yes）或否、錯（no），de Bono（1970）提出新的語言機制且也是一種心智機制的「po」，以改變人們心態與習慣，即在思考時以 po 替代 yes 或 no，以利水平思考的運作。總之，「水平思考是以非正統或顯然不合的邏輯方式思考、解決問題」（de Bono, 1992: 52）。

　　筆者認為，de Bono 的橫向思考概念很有幫助，在創造思考的初期，確實需要歡迎並產生大量另類想法，而於後期則需有賴邏輯或批判思考加以精進、改良。由於坊間訓練創造力的各種方案或技法五花八門，許多技法是先從商業機構發展出來，再運用於教育，經各方延伸後，遂產生不同的變異版本，例如：腦力激盪法到底多少人數參與才合宜，各方意見不同（張世彗，2007）；再加上各方踴躍巧立技法，常與另一技法名稱不同，但內容實大同小異或有部分重疊，或與另一技法名稱雷同，但內容卻相異其趣或僅部分相同，因此在統整上確實

有一些難度。

　　以下為筆者廣閱文獻與基於多年「創造力教育」教學經驗，並參照 de Bono 橫向思考技法，將有利於我們巧變出創意的各種技法加以整理分類。大致上而言，de Bono 所提出的橫向思考各項技法非常廣泛，幾乎涵蓋坊間所有技法，究其技法本質與立意多是在運用各種「跳脫既有限制」的方式，以「激發或聯想」出另類想法。所以本書在統整各類技法時，先以 de Bono 此一跳脫既有限制的「跳 TONE 法」（跳脫激發法）為主；再將其中比較具有個別特色的方法抽離另立，並參照坊間方案或技法補實之，諸如運用團體動力的「腦力激盪法」、借用譬喻情境引發想法的「借喻比擬法」、利用強迫組合或拆分再組合成的「關係重組法」；最後補上 de Bono 較未提到的以繪圖具體化擴散思考的「心智圖法」。各項技法總整理如下所示，讀者可以開始鬆弛自己，依本書所介紹內涵一一「試玩」，跳離自我限制，以增能巧變。

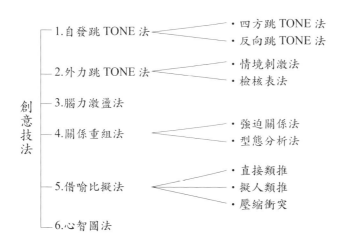

創意技法
1. 自發跳 TONE 法
　・四方跳 TONE 法
　・反向跳 TONE 法
2. 外力跳 TONE 法
　・情境刺激法
　・檢核表法
3. 腦力激盪法
4. 關係重組法
　・強迫關係法
　・型態分析法
5. 借喻比擬法
　・直接類推
　・擬人類推
　・壓縮衝突
6. 心智圖法

一、自發跳 TONE 法

　　其實整個 de Bono 的水平思考法中的方法都是在跳脫既有限制，以

產生或激發新想法，故筆者稱為「跳 TONE 法」。de Bono 也說過水平思考既是一種態度也是一種運用資訊的方式，跳 TONE 法是跳離自我限制，鬆弛原本嚴苛看待事物的方式，向四面八方發想，這是一種態度；有時我們則必須刻意反其道而行，反向跳 TONE，甚至是扭曲它，以激發原本不可能產生的想法。所以自發跳 TONE 法包含四方跳 TONE 與反向跳 TONE 兩種方法。

（一）四方跳 TONE 法

四方跳 TONE 法是自我改變心態、改變原有基調，往四面八方尋求各種可能性，也就是 de Bono（1970）水平思考中的挑戰既有想法、找出主宰想法並不受宰制，與產生另類替代想法等技法。我們通常看待事情都有一些假定、先入為主的想法，或是深入支配的想法，因此我們必須先行找出思考的主要軌跡與支配的想法是什麼，然後挑戰自己的假定、看法，才能不受這些既有想法的限制，也就是一定要在心態上設法跳離自己，產生不同想法（陳美芳、盧雪梅譯，1992）。

舉例而言，當被問到以下情境的理由時：「有一個人很餓，為何面對滿桌美食卻不吃？」一般人心中的假定或想法通常是集中在這個人身上，如他生病了、他在減肥、他剛拔牙、他拉肚子、他等一下要去體檢，或是在飯菜方面如食物是素食、食物是川菜辣味等明顯理由，比較少想到這滿桌食物的場合或這個人的心理因素。因此在你仔細檢視主宰自己的想法後，儘量跳脫自己既有想法，刻意地往不同的方向發想，以下的各種可能性理由涉及多面向，包含他這個人是誰、同一時間他正在做什麼、他的心理狀態、這桌食物或飯局的關鍵時機、這桌食物的屬性等等，你曾想過這些理由嗎？

她正在禱告、她正在等男朋友、她正在計算卡洛里、她正跟媽媽賭氣中、她餓昏了傻呆了、因為在男友面前要假裝淑女、因為他正在按照劇情拍戲中、他害怕被下毒、因為女友更為秀色可餐……。

　　他是初生小嬰兒、他是烹飪比賽的參賽者、他是素食者、他是婚宴中被灌醉的新郎、他是飯店服務生、她是怨婦正在等徹夜不歸的老公、他不吃宵夜……。

　　因為尾牙雞頭正對準著他、因為現在是尾牙老闆在訓話、因為這是鴻門宴、因為這是分手前最後一餐、因為這是婚宴而新郎不是他、因為她發覺走錯喜宴愣住了、因為點餐後才發覺天價而吃不下、因為這是行刑前最後一餐……。

　　飯菜是隔夜餿掉的、這是別人吃剩的桌菜、滿桌美食其實是一幅名畫、這滿桌美食是飯店的餐點模型、這是夢境他也不知道為什麼、這是她在畫餅充飢的情景……。

　　接著是一個有趣的情境，請讀者先換上輕鬆的心情，看待這個情境：「公司總經理要穿裙子的女秘書擦他辦公室的氣窗，如果你是該位女秘書，你會怎麼辦？」可能有很多人馬上將焦點集中在：「如何讓裙底不走光的擦窗法？」如用長柄加抹布擦、用報紙將裙子圍住等，這就是我們心中的假定、支配性的想法；其實說不定老闆是女生，根本不用擔心，又說不定老闆雖然是男生，可是他是從出差地點打電話進來，根本不會造成擦拭時走光的困擾，又很可能老闆要秘書擦的是建設公司新大廈模型的氣窗。其實我們也可跳脫這個假定想法，把焦

點移到「職員擦窗時老闆不在場」的狀態，如安排老闆外出開會，或是把焦點移到「不必擦」的情境，如跟經理說自己可能懷孕了，或安排經理夫人臨時造訪等。

　　以下有一些問題或情境供讀者練習跳脫自己原有的想法，請試圖檢視你的支配性想法，並且挑戰自己，跳 TONE 思考，讓思緒飛往四面八方，並將答案寫下，愈多、愈另類愈好。圖形延伸也是一樣，儘量地往不同的方向發想，產生不同類別的創意想法。

李派普為何在女生宿舍前站崗？
因為：

交通大阻塞的黃昏，王瓜打算向女友求婚，怎麼辦？

這是什麼？

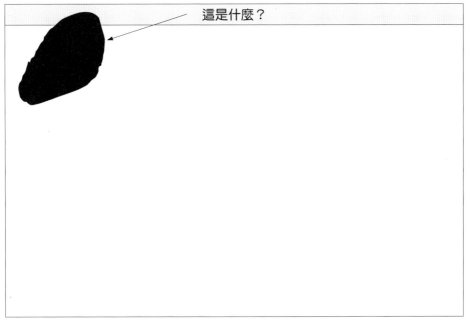

延伸以下圖形	
1	2
3	4
1	2
3	4

（二）反向跳 TONE 法

de Bono（1970）認為，有時我們必須反向操作，思緒方能向前跨躍進展，如同游泳比賽時必須用力反向蹬踢，才能增加前進速度；所以反向跳 TONE 法主要是把原有的情境裡外、上下翻轉到非常不同的情境，其目的是在激發新奇想法。簡言之，就是暫時反其道而行，以產生另類結果。de Bono 提出的例子是「警察指揮（控制）交通」的問題，其逆向操作是「交通指揮（控制）警察」，這就引發了當交通變得很複雜時，增加警力需求的考量，以及根據交通狀況重新分配警力的不同方案；還有減肥以節食挨餓為方法，結果受不了反而大吃，屢屢失敗，反向操作成於飯前喝一大桶甜牛奶，結果面對餐餐豐盛美食反而吃不下，導致瘦身。

近年來內衣外穿、內縫線變外裝飾、廁所餐廳崛起都是「反向跳 TONE 法」的實際例子。生活中應該還有很多這樣的例子，例如：許多詐騙手法都是假關心真掠奪；賭場熟知賭客心理，可能先讓你大贏，再讓你大輸。此外，坊間幼兒遊戲本中常見要你在一堆橫豎交錯的釣魚線中找出眾人裡誰釣到魚或拿到寶藏的遊戲，其實最佳的方法就是反過來追蹤這個唯一標的：魚（寶藏）是被哪一位釣到（取到）。又筆者曾聽說有一位員工非常不受老闆喜愛，工作岌岌可危，這位員工就逆向思考，幫老闆主動應徵其他公司高位，讓老闆高就去職，自己不再受威脅，這也是高超的逆轉法。其實，中國有許多成語如「欲拒還迎」、「聲東擊西」「欲蓋彌彰」、「以退為進」、「大智若愚」都是與逆向思考、操作情勢有關（郭有遹，1994）。

跟反向跳 TONE 法的手法有些相似，都是先暫時操作到一個非常不同的情境，再激發出新奇想法，那就是「扭曲跳 TONE 法」。它主要是將事情、物品扭曲、誇大到非常怪異奇特的地步或境界，然後引發新

意，如設計金屬飾品時，將燒壞扭曲的材料刻意裝飾成曠世鉅作！又粗大的長拉鍊縱橫交錯，反而成為整件大衣的主體裝飾。

二、外力跳 TONE 法

自發跳 TONE 有其極限，有時我們必須依靠外力的協助來幫助自己跳脫限制，激發不同的思維，例如：藉助外在情境的刺激，甚至是依賴現成檢核項目表的提示。

（一）情境刺激法

情境刺激法是藉外在情境刺激你轉移思考方向或發想，以獲得各種創造性構想，有些類同於前述樂活創意中的嚐鮮，刻意接近情境中的人、事、物，但是比其更為積極，de Bono（1970）將其稱之為「隨意刺激法」（random stimulation）。根據 de Bono，隨意刺激有兩種主要方式，一是隨意暴露在情境的刺激中，例如：於人群中聆聽他人在說什麼、與不同領域的人討論、逛百貨公司或玩具店等具多元事物的環境、參觀一場展覽，這些主要作用是讓某事抓住注意力與想像，並與手邊的問題搭上線，即使沒有立即產生想法，但可讓它保留在意識範圍內，坐等發酵。另一是刻意製造隨意刺激，藉由翻找字典、報章雜誌與周邊物體來擾亂原有思考，激發你的另類觀點，如翻閱字典隨意指到某一個字，然後運用這個字來思考手邊正待解決的問題。

筆者以為任何情境、事物都可以是一個刺激，以促發你的思考，隨意刺激法有隨「人」刺激、隨「境」刺激、隨「物」刺激、隨「事」刺激、隨「字」刺激等好幾種方式。以隨人刺激為例，如果手邊的問題是「如何設計一個新式開瓶器？」，你可以坐上公車或到一個市集詢問不同的人，一個五歲小朋友說：「它要好玩！」老公公說：「它要容

易找得到！」年輕妹妹說：「它要可愛！」家庭主婦說：「它要容易開與清洗！」於是就激發你設計一個顏色鮮明的大嘴河馬開瓶器，它有底座可固定收納（河馬先生坐在上頭），河馬開瓶器離開底座時會間歇閃爍發亮或發聲，既可愛可當玩具、裝飾品，又容易找得到。

　　再舉隨事刺激為例，眾所皆知可樂的前身是咳嗽藥水，這就是隨事刺激的一個最佳例子，由意外一件事的激勵，研發出眾人喜愛飲用的可樂。抓住隨機事件進一步發想、關聯與創造的另一個有名的例子是「馬桶水族箱」（Fish 'n Flush），這馬桶的水箱是透明的、可養金魚，而在沖水時金魚不會流入馬桶裡；原來的設計是裝在馬桶座上防治漏水的感應器，當初是有把金魚屍體沖進馬桶經驗的爸爸級員工在討論如何展示該項產品時，無意間福至心靈而發明的（http://www.aqua-one.com/aot_corp/fishnflush）。這個例子告訴我們，我們要儘量開放心胸並能隨時接納刺激，進而聯想思考，其實這也是前述樂活創意的主要精髓。

　　再舉隨字刺激為例，如果你手邊的問題是如何獎勵老師的招生量（私立學校經常需要老師到各校招生），或者是如何獎勵公司基層的銷售員，而隨手翻閱到的字詞是「打雷」，於是想出打雷的特性，並且將這些特性對應思考、聯想到手邊該項問題上：

震天價響：早午晚大聲廣播與會議中大聲宣告高招生量或銷　　　　　售量者的姓名。

閃電交雜：電視牆與跑馬燈不斷插播、閃示高招生量或銷售　　　　　量者的影像。

伴隨甘霖：高招生量或銷售量者獲得獎金、休假、加薪或升　　　　　級的獎勵。

　　幼兒教師不僅要善用情境刺激法來激發自己的創意,而且也要讓幼兒多多暴露於與主題課程相關的情境中,以引導課程發展,並設計相關的教學活動,激發幼兒創造思考。本書第六章第二節幼兒創造性教學活動示例中之「誰最特別?」就是運用刻意布置的森林情境,引發幼兒創意表現各種可能的「移位律動」方式;「雲想想看」是以外出觀雲的情境,誘發幼兒以肢體及詩詞創作創意表現對雲的感受;而「綁綁變新衣」則是運用沒有新衣甚或衣服穿的心愛的填充玩具或洋娃娃情境,激發幼兒為這些玩偶巧製新衣。

(二) 檢核表法

　　檢核表法(checklists)也是運用外力跳脫自我限制,激發創新想法。最早是源自於發展腦力激盪法的 Alex F. Osborn,它是改善擴散思考的建議,係指當個人或團體想法乾涸時,運用一些現成的刺激性問題去激發思考;這些檢核項目多是動詞,促動你的思考方向,其項目與可供發問的問題如表 4-2 所示(Osborn, 1963; Shallcross, 1981)。

表 4-2　Osborn 之激發性問題

檢核項目	問題
有何他用(改變用途)? (Put to other uses)	有何新的使用方式?如修改後,有何其他用途?
調整(Adapt)	有與此相似的想法?這提供哪些其他想法?
修改(Modify)	改變意義、顏色、動作、聲音、味道、形狀等?還有其改變?
擴大(Magnify)	可以加什麼?加成分?更長?更強?更大?
縮小(Minify)	可以減什麼?消除什麼?小一點?輕一點?慢一點?分散一點?次數少一點?
替代(Substitute)	誰可替代?什麼可替代?有何其他地點、時間可替代?
重新安排(Rearrange)	有何其他的展現方式?其他順序?可以改變速度?
反向(Reverse)	對立倒置?翻轉?上下顛倒?裡外顛倒?
結合(Combine)	混合不同事物?結合不同目的?結合不同想法?

資料來源:整理自 Shallcross(1981: 92)

其後，Eberle（1996）將以上刺激思考的一些問題稍加改編成七個檢核項目，並以每個項目的第一個英文字母連成「SCAMPER」頭字語口訣，幫助人們記憶並運用：「S」代表 Substitute 為「替代」之意，「C」代表 Combine 為「結合」之意，「A」代表 Adapt 為「調整」之意，「M」代表 Modify、Magnify、Minify 為「修改、擴大、縮小」之意，「P」代表 Put to other uses 為「改變用途」之意，「E」代表 Eliminate 為「消除」之意，「R」代表 Rearrange、Reverse 為「重新安排、反向」之意。

　　「S」（替代）可提問問題如：「我可以用什麼東西來替代？」，「C」（結合）可提問問題如：「我可以結合什麼物質、特質、產品或成分？」，「A」（調整）可提問問題如：「我可改變或模擬其他東西嗎？」，「M」（修改、縮小、擴大）可提問問題如：「我可以讓它更大、更堅硬、更誇大、更頻仍一些嗎？」、「我可以讓它較小、較緊實、較輕、頻率較少一點？」，「P」（改變用途）可提問問題如：「我如何以新方式使用它？有沒有其他新方法、新用途或新功能？」，「E」（消除）可提問問題如：「所有部分都需要嗎？什麼部分可以被省略或刪除？」，「R」（重新安排、反向）可提問問題如：「如果我上下裡外倒翻以完全相反的方式來做會怎樣？」

　　筆者覺得這口訣項目若能熟記在心並刻意思考如何於情境中運用，必能激發諸多不同面向的思考。舉例而言，P 代表有何其他用途？即試圖改變用途，如果問題是：「當有一堆廢棄輪胎時，該怎麼辦？」有助於我們發想可將其如何回收運用：當容器種植植物、當鞦韆的底座、堆疊三兩個當座椅、直立數個於土中當圍籬等。而市面上兩面穿的外套其實是運用 R（重新安排、反向：如果我上下裡外倒翻以完全相反的方式來做會怎樣？）的實際例子，鬧鐘收音機是運用 C（結合：什麼物質、特質、產品或成分可以被結合，產生新的東西或作法？）的發想

131

結果，代糖是運用 S（替代：我可以用什麼東西或作法來替代？）的具
體實例。

三、腦力激盪法

　　腦力激盪法（brainstorming）是由 Alex F. Osborn 所提出的，它是運
用團體的力量，讓思緒自由滑行、相互激盪，產生許多替代性想法；
其設計是以「延緩判斷」為精神，好比開車踩油門就不要同時踩剎車
一樣，在作腦力激盪發想時（踩油門）也不要同時評斷想法（踩剎
車），以免阻斷想法的產生，因此在進行時需要有一主席與記錄來促
進整個程序的運作（Osborn, 1963; Starko, 2005）。而 de Bono（1970:
149）則認為：「它本身不是一項特殊的技法，而是鼓勵運用橫向思考
技法與原則的一個正式的『情境』，同時也提供有別於嚴謹的直向思
考的一個放鬆狀態。」進行腦力激盪法的四項準則如下（Osborn, 1963;
Shallcross,1981; Starko, 2005）。

（一）沒有批評（No Criticism）

　　在腦力激盪進行中，為了能讓大家暢所欲言，任何人均須抱持著對
他人意見絕不能批評的態度，不僅在言詞上要小心以下用語，以免大
家害怕被批評因而緘默不語，例如：「這個想法我們去年已經做過
了！」、「你該不會是認真的吧？！」、「這個想法一定行不通
啦！」、「我們必須針對重點認真討論！」、「我們再試試看有沒有其
他比較好一點的想法！」等都是可能讓大家畏縮不語之詞；而且在肢
體表情上也要注意，例如：不要做出瞪眼驚訝狀、斜視、竊笑、縮回
身體往後坐，這些動作或多或少都傳達負面訊息。

（二）自由滑行（free-wheeling）

在腦力激盪進行中，每個人均要自信地表達想法，即使在當下是很可笑的想法，也有可能是富有創意想法的墊腳石。自由滑行的氛圍可讓大家往超越傳統窠臼的方向前進，當聽到大家不斷說出不同的新奇想法後，就會更有信心地自由滑行、表達另類想法。

（三）以量為旨（Quantity）

在腦力激盪進行中，是以追求想法的數量為目標，愈多想法愈好，讓腦力激盪後有較多的方案可以選擇。所以每個人的想法儘量精簡地說出，不必詳細解釋說明，而且即使相類似的想法已經有人說過，記錄者也要記錄下來，表示重視每個人的想法，不能說「剛剛已經說過了」，以免讓參與者不敢再進一步貢獻想法。

（四）交叉刺激（Hitchhiking）

在腦力激盪進行中，大家朝向同一個目標前進，有任何想法就說出，交叉刺激、相互搭載彼此的思緒，產生源源不絕的想法，有如連鎖反應般，許多想法是基於前面的想法或是結合、改良他人的想法，可以說持續交叉刺激是團體腦力激盪最大的益處。筆者以圖 4-2 說明腦力激盪中思緒相互搭載、交叉刺激的情形。

如果有八位先生進行腦力激盪，小陳、小黃、小青、小宗、小洪、小藍、小厲、小紫，分別以橙、黃、青、棕、紅、藍、綠、紫色笑臉顯示。左方 1 至 10 數字代表發言輪次，如第一輪只有小陳、小宗與小藍發言，第三輪有四人發言，小陳、小宗、小洪、小紫發言。而重疊笑臉則表示發言受到影響，在上方的人的發言受到下方的人某次（以 1、

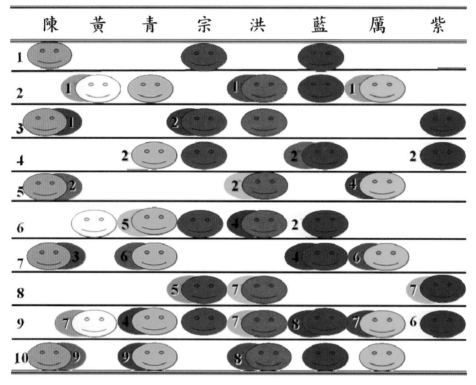

圖 4-2　腦力激盪法交叉刺激圖解

2、3、4 代表次第）發言的影響，如第三輪小陳（橙色笑臉先生）發言其實是受到第一輪小藍（藍色笑臉先生）發言的影響，第三輪小宗（棕色笑臉先生）發言是受到小藍於第二輪發言的影響，也就是小藍兩次發言都刺激了他人產生想法，這就是思路搭載。

　　小陳在第一輪發言後，第二輪雖沒想法，但小厲（綠色笑臉先生）與小黃（黃色笑臉先生）都受了他的刺激於第二輪有了想法，而小黃第二輪的發言刺激了小青（淺藍色笑臉先生）與小紫（紫色笑臉先生）於第四輪都發言，如是交互刺激。再以第八輪小紫的發言為例，他受了第七輪小青的影響，但第七輪的小青發言，實際上是受第六輪

小洪（紅色笑臉先生）的刺激，第六輪小洪的發言是受到第四輪小紫的影響，第四輪小紫又是受第二輪小黃影響，小黃則受到第一輪小陳的刺激。

再以發言次數頗多的小洪而言，有好幾次發言明顯地是受到了小厲（第五與第八輪）、小紫（第六輪）、小青（第九輪）與小宗（第十輪）的影響，不過他也影響了小青（第七輪）、小藍（第四輪）、小陳（第十輪）的想法，其中小青和小洪在第七輪與第九輪彼此相互刺激。圖 4-2 充分說明腦力激盪成員間相互搭載思路、彼此交互刺激的特性。

腦力激盪法主要目的在產生大量多樣的想法，有如許多想法在爆鍋中爭相爆出，有人稱其為「爆米花思考法」（Starko, 2005），因此主席的角色非常重要，是整個程序的「促進者」（facilitator）。首先，他既是「守門者」，在腦力激盪一開始時，必先敘說以上四項規則，請大家務必遵守；在進行當中，必須守護規則，禁止任何人批評，而且要提醒大家不需多作說明，儘量讓想法源源流出，以達相互搭載刺激、產生眾多想法之效。其次，他也是個思緒自由滑行的「維持者」，以點頭、重複對方所說的方式認可收到訊息，而非明白顯現贊同或不贊同某一想法，好讓成員能持續激盪。而當團體成員思路阻塞時，他也是一個「提供參考架構者」，如提供另一個新的情境，或改變物體的特性，讓團體成員能彈性變通，重新引導大家持續激盪。除主席外，記錄的角色也很重要，務必將每一個人的想法寫下來，讓說話的人覺得自己的意見被尊重，而願意再貢獻己見；而當大家腸枯思竭時，記錄也可重唸一次大家的想法，以期達到再度激盪的目的。

至於腦力激盪的人數與時間各家有不同看法，視各種狀況而定，大體而言約十個人上下，十分鐘左右。至於參與人員最好是來自於不同領域，更能發揮隨人刺激、跳 TONE 發想與交叉刺激、相互搭載之效。

而腦力激盪的問題層面很廣，諸如如何解決都市垃圾量過多問題？如何設計一部可以陪伴人的超級寵物機器人？如何讓學生天天喜歡上學？如何鞏固夫妻情感不讓小三入侵？如何設計一個一定可吵醒你、又讓你愛不釋手的鬧鐘？如何設計一單身貴族套房的浴廁設施？現在你就可邀約數位朋友一起激盪、發想，請先選出主席與記錄後，並嚴守以上四項原則。

有一種技法叫「屬性列舉法」（attribute listing），是由 Robert P. Crawford 所創，與腦力激盪法有關，基本上它也運用腦力激盪法，只不過先把主要問題細分為幾個小問題，分別加以處理與構思，而不是一次就針對整個問題，以減少面對問題的壓力（Shallcross, 1981）。其具體作法是把問題或情境分為幾個屬性（特徵、面向），然後只集中於一個屬性去激盪出幾個可以改進或解決的方式，如問題是改善教室規劃時，先針對某一個角落如娃娃家去激盪出解決方案；另外，也可以列舉缺點或是希望的優點，進而激盪出想法（陳龍安，2006；張世彗，2007）。

四、關係重組法

關係重組法即將事物間的關係打亂，或將事物分成部分後再重新組合，以產生另類想法或作法，大致可分為強迫關係法與型態分析法兩大類技法。

（一）強迫關係法

強迫關係法（forced relationships）由 Charles S. Whiting 最早發展，簡言之，就是強迫兩個或更多個本來沒有任何關係的物體或想法形成一個關係，用通俗的話說，就是強迫讓它們發生關係（Shallcross,

1981）；因它涉及不同事物的合成，Starko（2005）將其稱之為「型態合成法」（morphological synthesis）。根據 Shallcross（1981），形成新連結關係的最簡單方法是運用距陣表格，例如：你可以在畫出的表格上方列輸入任何所想到的形容詞，而在左方欄位輸入任何所想到的名詞，然後在眾多欄、列交集中，就有可能出現另類的詞句像可口的春天、倔強的糞便、熬夜的太陽、開心的提款機等，這些另類語詞可以用在很多場合如廣告、海報、標語、文章中（如表 4-3 所示）。

表 4-3　強迫關係法（語詞）

名詞＼形容詞	瘦巴巴的	奮發向上的	倔強的	怕貓咪的	開心的	熬夜的	可口的
太陽						熬夜的太陽	
提款機					開心的提款機		
辛巴				怕貓咪的辛巴			
春天							可口的春天
垃圾桶	瘦巴巴的垃圾桶						
噴泉		奮發向上的噴泉					
糞便			倔強的糞便				

你也可以在以上距陣表格中輸入食物的各類烹製或料理方法，以及你平日喜歡的食材或是信手拈來的食物，同樣的欄、列交集下，常會產生讓你意想不到的菜色組合，例如：醉佛跳牆、燜燒大陸妹、活跳豬腳與白斬鹹豬手等（如表 4-4 所示）。如果在輸入語詞之前或之後加

表 4-4　強迫關係法（料理）

烹製法 食材	三杯	燜燒	醉	白斬	生煎	涮	活跳
九吐魚	三杯 九吐魚						
情人果					生煎 情人果		
下水 （內臟）	三杯 下水						
仙草			醉仙草				
大陸妹 （青菜）		燜燒 大陸妹					
冰淇淋					生煎 冰淇淋	涮 冰淇淋	
豬腳 （豬手）				白斬 鹹豬手		涮豬手	活跳 豬腳
佛跳牆				醉佛跳牆			

上諧音、諧意、逆向、扭曲與跳 TONE 等技法，所獲得的菜色或料理一定是非常具有創意的，例如：涮香港餃、冬瓜恨天糕、田園蜜魚（甜言蜜語）、青蒜枸腿（清算狗腿）、九吐三菇、綠椰仙蔥（綠野仙蹤）等。

強迫關係法很實用，除以上語詞的強迫關係與料理的強迫關係外，它也可用於日常小家電用品的設計，例如：將「咖啡」與「電扇」強迫組合成散發陣陣咖啡香味的「咖啡氛扇」，將「烤麵包機」與「印模」強迫組合成能烤出圖案或字體的「花式吐司機」（本項產品市面已有）。事實上坊間許多產品都是結合不同概念而來，如免治馬桶結合清洗概念與馬桶，西方汽車旅館結合汽車族與旅館，現代手機則結合照相、MP3、錄音等多元功能。筆者以為強迫關係法威力無限，可以

運用於大型盛會節目、團康活動、牌卡與盤面遊戲（如跳棋的棋盤必先拼組才能玩的「拼圖跳棋」等）、教學活動（如「動物大變身」活動──創造貓頭魚尾的「貓魚」、狗頭熊身的「狗熊」等）之創意設計，只要你願意嘗試並發想，必定有驚人之作。

（二）型態分析法

　　上述強迫關係法是任意地、隨機地將兩件東西結合產生另類想法，型態分析法（morphological analysis）則是先將該事物分析拆成許多部分，然後再行任意地強迫組合產生新奇想法。筆者認為這個方法類同於 de Bono 的細分法（fractionation），也就是把任何情勢或問題打成幾個小的部分，然後再把這些小的部分重新組合成一種有別於原來的新情境。「它的目的不在於對於情境完整地或真正地細分成幾個部分（就像分析一樣），而是在於提供材料，這些材料可以用來刺激原來情境的重新組合。」（de Bono, 1970: 139）。因此細分法的目的是重組，細分後的各部分應該被操作、調整，以產生與原來不同的情境或另類結果。de Bono 舉一個如何將 L 形（缺了四分之一的正方形）等分為四個同面積、形狀的問題來說明細分法的意涵。如圖 4-3 若將 L 形先分為三等分正方形，然後在每個三等分正方形之下再細分為四等分小

圖 4-3　de Bono 細分法（圖形解說）

資料來源：de Bono（1970: 134）

正方形，總共 12 塊小正方形，關鍵步驟是再重新組合、調整這些 12 塊小正方形，使其成為與原來不同的四個同面積、形狀的圖形。

型態分析法之具體作法是將問題的各項屬性列出其下的各元素，然後再強迫結合各屬性下的不同元素（陳龍安，2006；張世彗，2007），如房子的屬性包括形式（獨棟平房、獨棟樓房、別墅、公寓、大廈……）、材料（木頭、混凝土、鋼骨……）、牆面（玻璃帷幕、大理石、磁磚……），然後組合成鋼骨大理石公寓、混凝土玻璃帷幕別墅等。再以設計咖啡杯為例，先把咖啡杯的基本屬性（形體、材質、杯體附加、杯面花色與其他特殊功能）與其下的各元素列出成表（如圖 4-4 所示），然後再將屬性下的各元素強迫組合，就會發現一些有新意

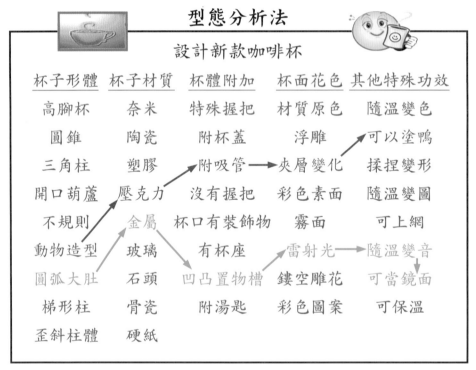

圖 4-4　型態分析法：設計新款咖啡杯

的結合，如圖中紅線與綠線兩個另類組合咖啡杯。由於先行分析各個屬性與其下元素，再予組合，饒見維（2005）認為這是一種有系統的排列組合法。

　　甚至也可以在將事物分為屬性與元素後，在各屬性下分別選擇一個元素加以自由聯想出幾個關鍵字，然後以各關鍵字鏈為刺激，產生創意想法，這就是 Arthur Vangundy 所創的「屬性關聯法」（饒見維，2005），它與前述「屬性列舉法」有些類同，都是先分析屬性、拆分為小部分，但屬性關聯法似乎更進一步，在聯想後又綜合連結，屬性列舉法則只針對各屬性分別激盪，以減輕面對整個問題的心智負荷。有興趣者請參閱饒見維之書。

　　請運用以下未完成的手機型態分析圖表，繼續分析屬性下的各元素，並組合完成一款新穎的手機。

 設計新款手機

外型設計	接聽裝置	材質&色彩	內鍵功能	附加功能
手錶（環）	自動聲控	水晶	鬧鐘	熨斗
珠寶盒	辨臉裝置	不銹鋼	MP3	防狼器
金筆	摺疊	壓克力	錄影音	體溫計
變形金剛	旋轉	陶瓷		手電筒

型態分析法除可以用來設計新商品外，還可以用於各式各樣的問題與情境，如規劃嶄新遊樂園、幼兒園、遊戲場、大型活動等，甚至是教學活動，只要將問題或情境先行分析成幾個小部分後，再強迫結合即可。第六章第二節幼兒創造性教學活動示例中之「老話新說」，除原有教師鷹架外，也可運用此法引導幼兒先將不同的童話故事拆分為幾個部分：人物、情節、場景等，再讓幼兒創意連串。筆者以為在分析各屬性與元素過程時，就跳 TONE 發想，再巧妙結合各元素，更能有令人驚豔的另類之作。以較為具體的商品設計：新款鬧鐘為例，鬧鐘最重要的屬性是鬧醒裝置，在其下元素分析上的跳 TONE 發想，包括床鋪溫度改變熱醒或冷醒你、搔癢或撫拍吵醒你、附加物飛出滿室亂竄並鳴叫激醒你、香味（臭氣）薰醒你、強光照醒你、幫你自動盥洗清醒你……，然後再連結其他屬性下的元素如材質、附加功能等成另類設計。請讀者繼續完成下頁的鬧鐘設計習作與棒棒糖設計習作，別忘了在分析屬性與元素時就可跳 TONE 發想！

五、借喻比擬法

借喻比擬法又稱之為分合法（synectics），是 William J. J. Gordon 所發展的。它是刻意地操作隱喻（metaphor）、製造類推（analogies），以追求靈感，也就是借用其他事物或情境的特性來幫助我們看待、理解某些事物。而具體作法是當你遇到問題時，思考這個問題像什麼？找出類推的情境，有意地比較並尋求新意。它有兩個手法（撇步），其一是「將熟悉事物變為陌生新奇」（making the familiar strange），即遇到熟悉的問題或事物時，刻意地與新奇、陌生、不尋常的事物或情境連結，去激發新的觀點；其二是「將陌生新奇事物變為熟悉」（making the strange familiar），當遇到陌生、不熟悉的問題或事物時，

型態分析法

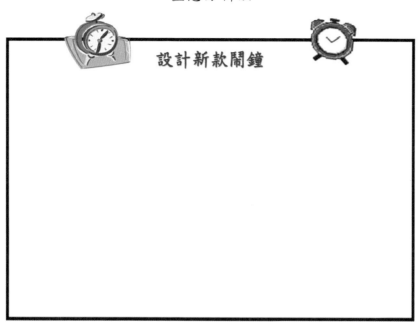

設計新款鬧鐘

設計新穎棒棒糖

刻意地與熟悉或舊有的事物或情境連結，去促進理解、頓悟（Gordon, 1973, 1981; Jimenez, 1975）。

借喻比擬法類同於 de Bono 水平思考中的「類推」（analogies），當在試圖解決問題時，非靜待靈感，而是以某種熟悉的類推情境來思考問題，不過 de Bono 的類推法似乎侷限於上述第二種手法：將陌生新奇事物變為熟悉。「類推本身是一個簡單的故事或情境，故事或情境必須是熟悉的，只有在與其他事物比較時，才成為類推狀況」（de Bono, 1970: 167），例如：使用「一個雪球滾下山坡」的類推情境來思考謠言散播問題，以產生進一步防止謠言的想法。

借喻比擬法有三種類型：直接類推、擬人類推與壓縮衝突（Gordon, 1973, 1981; Jimenez, 1975），分別敘述如下。

（一）直接類推

直接類推（direct analogy）顧名思義是直接地借喻比擬、借鏡類比，直接地對應、比較一件事（情境）與另一件事（情境）以產生新的想法，例如：「如何改進大學，使學生喜歡上學？」將學校比喻成「園遊會」或「拍賣會」，用這兩個直接類推的情境去激發改善大學的想法，讓我們的思緒完全轉到園遊會或拍賣會的特性上，然後再回思學校的軟硬體可以怎麼改進，才能像園遊會或拍賣會一樣地熱動、吸引人？所以運用直接類推時，要先想出一個類推的情境。

筆者以為，有時類推的情境也可以是與原問題沒有直接關係，而是運用前述之強迫關係法，任意結合兩個原本不相干的事物或情境，如借用「蠻牛」概念去設計新型「手機」，激發你去設計一個外表有型、功能威猛與摔不壞的「超級旋風手機」，這是一種強迫性的類推。有時在激勵人心時或寫作時，也可運用此強迫類推法，例如：「你的人生要交白卷呢，還是要成為色彩繽紛的名畫？」將人生與白

卷、色彩繽紛的名畫強迫連結並比擬。就此而言，強迫類推在某種程度上與強迫關係法類同，有時與隨意刺激也有一些關係，例如：上述問話有可能是在雜誌上看到「考卷」兩個字，或在電視上看到一幅名畫，就跟你手邊的問題：「如何激勵一個人不虛此生」，刻意地連結。可見不同的創意激發方法是可以相互援用的。

　　若是進一步在前述強迫關係距陣欄列上輸入某一物體的結構與功能，如手機結構（滑蓋、摺疊、觸控螢幕等外型構造）與手機功能（接發訊息、照像、MP3 等），則可激發我們發明、創造生活用品，例如：有手機結構的床鋪（外型構造像手機的床鋪）、有手機功能的內衣（有接發訊息、照像、MP3 等功能的內衣）等（如表4-5所示）。其實這也是強迫類推的延伸版，將內衣類推到手機功能的情境，你必須用「手機的功能」去想「內衣」的設計，或是將床鋪類推到手機結

表4-5　強迫類推法（生活物品）

	雨傘（結構）	雨傘（功能）	手機（結構）	手機（功能）
床鋪 （結構與功能）			有手機結構的 床鋪？！	
內衣 （結構與功能）		有雨傘功能的 內衣？！		有手機功能的 內衣？！
腳踏車 （結構與功能）	有雨傘結構的 腳踏車？！			

	（結構）	（功能）	（結構）	（功能）
（結構與功能）				
（結構與功能）				
（結構與功能）				
（結構與功能）				

構的情境，你必須用「手機的結構」去想「床鋪」的設計；說不定以後你會發明一個只要觸控床面，床面就可變大、縮小以符合不同的情境需求的「I-Bed床鋪」，或滑出子母床的滑蓋型床鋪，讓親子溫馨同睡。第六章第二節幼兒創造性教學活動示例中之「廢物大變身」在進行時，教師除搭鷹架外，也可運用此手法讓幼兒創意發想。請你在上頁的空白表格處輸入不同物體的結構與功能，並類推出新產品。

郭有遹（1994）曾修改、發展德國人 Geschka 與 Schaude 所研發的方法（stimulus analysis）並命名為「特徵分析法」，這也是一種變異版的強迫類推，更進一步地分析某一物品的屬性特徵後，將手邊問題類推於這物品的各項特徵以解決問題，例如：所要解決的問題是「早上鬧鐘響了還賴床，怎麼辦？」，於是強迫類推到冰箱情境，先分析冰箱的特徵是可儲藏食物、冷凍食物、開門燈亮、很重、用電等，再用這些特徵一一去想出解決賴床的方式，如鬧鐘響後室內溫度降至零下，鬧鐘響後室內雷射燈、聚光燈大亮，鬧鐘響後就有重物壓身等，簡言之，特徵分析法就是分析物品或事物屬性的強迫類推法。饒見維（2005）也有類似的見解，認為這是「有系統的強迫比喻」，例如：要設計新型手機，我們讓它與衣服連結，強迫類推到衣服情境，分析衣服的各樣屬性特徵，如柔軟不占空間、可摺疊收納、可以去漬洗淨、各具式樣與裝飾；然後再用這些衣服特徵來思考及發想手機的設計，如任意摺疊片狀的手機，可以自動脫皮、脫漬恢復潔淨的手機，獨特個性化的迷彩手機，或代表身分的變形金剛、白鑽手機等。

（二）擬人類推

擬人類推（personal analogy）其實也是上述強迫類推法的一種變異版本，只不過類推的對象是自身，把自己類推到任何有生命、無生命的事物或情境，用同理心情去思考，激發想法，是一種切身情境的類

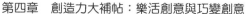

推。類推到有生命事物如：「如果你現在變成一隻貓，你的感受是什麼？你喜歡什麼樣的感受？你希望你的主人如何對待你，你才會有那樣的感受？」運用變成貓的情境來激發你的同理心，讓你能夠創意並好好善待家中的動物。再如：「當你只有三吋高的時候，會發生什麼事？你的感受是什麼？你喜歡什麼樣的感受？你希望你的家人如何對待你，你才會有那樣的感受？」將自己類推到三吋高的情境：好渺小常被踢翻滾動不停、常被踩到腳底下、常被錯認為放在桌底下的高跟鞋、媽媽常到垃圾桶找我（不小心被掃到）、常迷失在森林中（一棵樹叢中）、醫院成為第二個家（風一吹就跌倒、被踢到、被踩到）、成為每個人討厭的對象（像絆腳石）很難過、只能與老鼠稱兄道弟、弟弟當我是一顆小皮球、好寂寞沒人要跟我說話、無法與家人平起平坐吃飯、常有高攀不起的感覺、每個人都像巨人般難以接近、必須用力爬到爸爸肩膀才能對話；進而可以運用此三吋高的情境來激發你的同理感受，讓你不再嘲笑、作弄身材矮小的人，並能創意發想出善待的方式。第六章第二節創造性教學活動示例中的「誰最特別」就是類推到參賽情境，讓幼兒想像自己是來參選小王子玩伴的競爭者，以激發其創意、獨特的表現。

　　至於類推到無生命事物如：「如果你是一部電腦，你的感覺是什麼？你喜歡什麼樣的感覺？你希望你自己要如何被設計才能有那樣的感覺？或你希望你的主人要如何使用與維護，你才能有那樣的感覺？」再如：「如果你是一社區遊戲場，你的感覺是什麼？你喜歡什麼樣的感覺？你希望你自己要如何被設計才能有那樣的感覺？或你希望你社區的人要如何使用與維護，你才能有那樣的感覺？」由於擬人類推可以比擬至任何有生命、無生命的事物或情境，因此它的運用範圍很廣泛，讀者可以自行延伸到各種情境或問題，藉以創意發想。

（三）壓縮衝突

壓縮衝突（compressed conflict）是指將兩件不同且對立的事物特意放在一起，形成一個矛盾的語詞或情境，引起發想或頓悟，讓人更加理解某件事物或情境，或想出新奇想法，例如：除子女與父母關係外，還有哪些情境也是「甜蜜的負擔」？有哪些情境中的關係是「陌生的熟人」？哪些食物是「健康的毒藥」？哪些狀況是「活的死人」或「貓哭耗子」？哪些種動物可以做到「穩定中的動盪」或「動盪中的穩定」？那些撇步可以做到「溫和而堅持」的課室管理原則？更棒的是在實際發明設計時，我們可以利用這壓縮衝突法：「如何改良電腦軟硬體，讓它『又自閉又熱情』？」來發想；我們確實希望電腦能夠熱情地與我們互動，接納各種訊息與朋友，但是有時我們還真希望電腦能自閉一些，過濾不明訊息與網友、排斥有害病毒，並保護個人資訊不外洩。又上述的「穩定中的動盪」或「動盪中的穩定」也可運用到設計遊樂器材或新式空中交通工具上。

六、心智圖法

心智圖法（mind mapping）的重點就是運用繪畫「心智圖」（mind maps）去發想，它是Tony Buzan所發展的技法，乃運用線條、小插圖、色彩、關鍵字、符號等的一種左右腦全面思考的表達方式，將知識擴散思考並以圖像呈現其重點與架構的知識管理策略，以增強學習、記憶與創新的方法（羅玲妃譯，1997，引自許素甘，2004）。換句話說，心智圖乃運用圖文並重的技巧，充分運用人類左右腦的機能，協助人們在邏輯思考與想像之間平衡發展（葉玉珠，2006）；也就是當在繪畫心智圖時，不僅提供思緒結構化的組織工具，將想法作有系統的整

理，而且也能作諸多聯想，提供創意的平台。目前此一技法已廣為全球許多企業所用，也有各國相關網站出現，有興趣的讀者請上網搜尋 Tony Buzan 或心智圖相關網站。

至於心智圖的重要特徵與繪製方式如下（許素甘，2004；葉玉珠，2006）。

（一）中心圖像

選定主題後，先繪中心圖像，圖像要大與鮮明活潑，能凸顯主題並能抓住目光，一望即知主題為何，並以此焦點來激發與聯想其下的各層次思維。

（二）思維線條與層次

在腦力激盪、自由聯想後，以思維線條分層表達想法，猶如枝幹分叉，並以不同色彩區分不同的思維；而在聯想到某事或某概念時，在分層枝幹的適當位置中記錄下來。

（三）思維關鍵詞

每條思維線條由粗到細、流暢延展，並賦予簡短關鍵詞，寫在線條上，約不超過五個字，猶如提綱挈領，其下又有分支次要概念。

（四）有意義的小插圖

用適量的小圖像強調重要思維，猶如畫龍點睛，但不要太大、最好融入思維線條中，以免喧賓奪主；並以此圖像刺激自由聯想，充分運用右腦。

（五）整體版面

　　儘量色彩分明，主題與各思維明顯，均衡擴散，字的方向一致，並適度留白，以凸顯重點。

　　筆者覺得心智圖確實很有用處，例如：演講前的構思、參與研討會後的記錄、計畫討論後的記錄、閱讀心得、寫作前構思、旅遊後實錄、方案規劃構思等，所有的資訊全在一張張心智圖裡，甚至可以掃描成電子檔，永遠保存與參閱。雖然目前坊間已有一些便捷軟體可以運用來幫助繪畫心智圖，但是筆者還是喜歡自己繪畫方式，因為自行發想、親力親為的畫作歷程，留下鮮明軌跡，讓印象非常深刻，有助於記憶與促進學習動機，且更具個人風格與色彩。圖 4-5 是筆者授課綜

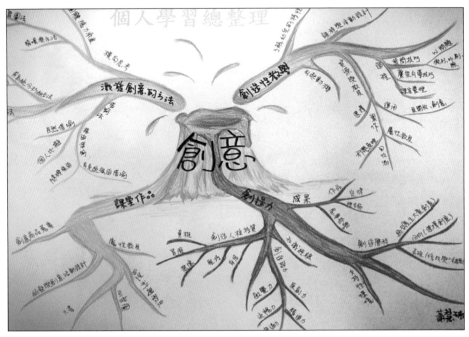

圖 4-5　學期學習總整理心智圖（澳門大學蕭慧琳同學繪製）

合創思活動時，於期末要求學生繪製學期心智圖，此舉不僅統整整學期所學，而且也發展學生的分析、創意聯想與統整能力，是一項非常有用的多元學習工具。建議本作品在繪製時加上小插圖，更能促思及表意。

　　孫易新（2002）認為心智圖有四項功能：分析、創意、記憶、溝通，筆者復根據個人製作與教學經驗，統整心智圖整體功能如下。

（一）激發邏輯與創意思考

　　在繪畫心智圖時是運用全腦的，一方面將一個主題概念分析拆解成許多小部分，有助於邏輯思考；另一方面借助於圖形、色彩的提示擴散聯想，一個想法觸發另一想法，思考可以往四方延伸，實可促進創造性思考的發展。

（二）記憶與管理知識

　　繪製心智圖時，個人完全神入於知識的分析與聯想，不僅將原本混沌、籠統的知識加以分類、統整於一紙中，使知識系統化，又能掃描儲存，便於知識的管理；而且關鍵字思維線條與有意義小圖像皆是個人所建構的，簡潔又有意義，印象深刻，又都濃縮在一紙中，利於知識的記憶。

（三）溝通與表達知識

　　經過繪畫心智圖的神入建構過程後，個體能理解與熟記該主題知識，有利於溝通表達、增進交流話題；而且整張心智圖也是一溝通的利器，他人一望即懂。

（四）促進學習動機

　　繪製心智圖時，個人完全陶醉其中、欲罷不能；完成心智圖後，個人則是心滿意足、充滿成就感，因為一張圖代表自己的知性收穫，累積愈多，成就感愈大。整體而言，心智圖實可促進個體學習動機。

（五）提供行動方針、綜覽概況與統整作用

　　如果是一張事前所繪之工作計畫心智圖，如提高生產力計畫圖、瘦身計畫心智圖，它將扮演提供行動方針、決策，以及綜覽、評估情勢概況的的角色；如果是事後所繪之演講或整學期學習心得心智圖（如圖 4-5 所示），它則具統整所學效果。無論是事前綜覽或事後統整，心智圖在人生計畫與學習上具重大功效。

CHAPTER 5 主題課程變變變：幼兒創造性教學 X

根據第三章所揭示之「幼兒創造性教學模式」，吾人得知主題課程是幼兒創造性教學之最佳實施平台，本章繼續延伸此一模式，第一節闡述幼兒創造性教學在課程方面的特徵，並舉幼兒的創意表現彰顯說明之；第二、三節則以幼兒園主題課程實例說明如何進一步實施幼兒創造性教學，以達理論與實務相互輝映、促進理解之效。

第一節　幼兒創造性教學之課程特徵與幼兒表現

　　本節共分兩大部分：第一部分論及創造性主題課程的特徵；第二部分則舉幼兒園主題課程中幼兒的創意表現，除了呈現幼兒的驚人創意外，一方面彰顯主題課程有利於幼兒創造性教學的實現，同時也大略說明創造性主題課程重要特徵之一——教師的多元鷹架，以初探幼兒創造性教學之具體實施。

153

一、創造性主題課程特徵

本部分分別由課程精神、課程氛圍、課程環境,以及教師角色四個層面,說明幼兒創造性教學在課程方面的特徵。

(一)課程精神:強調探究、遊戲、表徵與鷹架引導的「統整性主題課程」

幼兒創造性教學是立基於幼兒感興趣且與生活經驗相關的「主題課程」,它的精神是強調探究、遊戲、表徵、鷹架與統整性。吾人由匯合理論得知,「知識與技能為創造力表現之本」,孩子需要知識與技能去表現他們的創意,如同廚師必須對烹飪技術與食材有基本的認識,才可能創造佳餚(Amabile, 1989; Tegano et al., 1991),亦即「創造力嵌著於知識」(creativity is situated in knowledge)(Craft, 2005: 39)。而筆者以為主題課程正好可讓孩童一面探究知識、增進技能,一面運用所獲知能於主題情境中(周淑惠,2006),不僅可純熟相關知能,而且可作為想像與創作的起點(詹文娟,2003);又實務經驗充分顯示,主題課程的重要特點即是具有創造思考的空間,非常富有挑戰性,不斷激發幼兒潛能,而且師生皆有自主權(王文梅,2001)。可以說在主題課程中知識與技能是可親可近並可自由運用與表徵,有利於幼兒創造力的發揮,無怪乎 Tegano 等人(1991)指出,課程為創造力鋪設舞台,其所指之課程即為主題課程。

主題課程的重要精神是「探究性」與「遊戲性」,誠如本書第三章第一節所示,好奇是幼兒探索與行動的動力,老師可以援用此一特性,讓孩子在主題情境下,透過操弄物體與環境資源,探究或發現創意答案與解決方式(Beetlestone, 1998)。又幼兒創造力表現特徵之一是

以想像為內涵、遊戲為媒介，誠如美國幼兒教育協會之適性發展教學實務明白指出，遊戲是幼兒發展的重要工具（Copple & Bredekamp, 2009），因此教師可以透過以想像情境為主的團體遊戲或戲劇遊戲，激發幼兒探索各種可能性與多樣表徵；亦可充分運用多元遊戲角落如積木區、圖書角、娃娃家等，讓孩子自行選擇探索與遊戲，尤其是以想像為主、可激盪各種可能的扮演遊戲。也就是說，遊戲的特性是充滿探索行動，與 Craft 所指之可能性思考相近。的確，有許多學者提出探究、解決問題或建構取向的開放性教學（陳淑芳、簡楚瑛，2006；Craft, 2007; Cropley, 2001; Duffy, 1998; Tegano et al., 1991）或遊戲式課程（Cornelius & Casler, 1991; Craft, 2000; Mayesky, 2002），有利於創造力的培育。英國NACCCE（1999, 引自Joubert, 2001）也指出，培育孩童的創造力要讓孩童實際操作與投入以「活現創意」（being creative），學習應該是一個發現的過程（a process of discovery）。

　　創造性主題課程也強調「統整性」，此乃呼應幼兒全人發展特性，誠如 Duffy（1998）所言，孩子的創造力必須透過各課程領域，以發展完整全人的方式去培養它；Mayesky（2002）則明白指出，最能鼓勵幼兒創意發揮的課程是主題統整性課程。又 Beetlestone（1998）指出，透過跨領域的主題將學習視為一個知識整體（而非分科），可以發展孩子的創造力，因為孩子天生好奇，創造力是一種學習的形式，孩子可以運用多元創意方式如繪圖、文字、肢體、語言等表現想法，自然有利於各領域的學習；可以說主題課程有利於創造力的培育，而各領域創意表達也有利於主題知識的學習，兩者相得益彰。其實創造力本就存於人類的各種活動領域中，因此應滲入所有課程領域，不僅應在音樂、美勞中發展，在科學、社會、語文與其他領域均應被顯現（Craft, 2000, 2002; Lucas, 2001; Sternberg, 2007; Tegano et al., 1991）。如上所述，在涉及多領域的主題課程中，有利幼兒以多元方式表徵理解與想法，

因此表徵也是幼兒創造性課程的重要特徵。

　　本書所提倡創造性教學的重點是：在以培育完整兒童為最高宗旨下，教師運用創造力於課程與教學，讓幼兒的學習有趣、具挑戰性，而且也能運用創造力，連帶促進幼兒創造力的發展。為讓創造性教學更為完整、有效，吾人亦應將第一章第二節所揭示影響個人創造力發揮或表現的個體要素或個人資源——領域知能、創造能力與創造人格特質的強化與激發，納入主題課程原有目標中，一併加以關注與培育。舉例而言，在「小機器大妙用」主題課程中，原訂認知目標為認識基本的家電知識，情意目標為增進合作意識，技能目標為促進精細肌肉能力的發展；而個體要素的領域知識與能力於主題探究中自然得以獲致，孩子透過探究可能發現許多家電知識（認知目標），也可能精練旋轉螺絲、組裝電器用品等精細技能（技能目標）。至於創造能力包含變通力、獨創力、流暢力等擴散思考能力，以及評選、修正想法的批判思考能力，也屬認知層次目標；還有創造人格特質包含具強烈內在動機、好奇心與想像、專注與堅持、冒險與挑戰以及開放與成長等五大項特質，則均屬情意目標，這創造能力與創造人格特質兩大項目標均可外加置入主題課程原有之認知、情意與技能目標內，一併加以實施。

　　創造性主題課程也強調「鷹架性」。從學習面向而言，幼兒必須持續不斷地探究、遊戲與表徵，而從教學互動面向而言，教師則要成為夥伴從中搭構多元鷹架引導支持之。Duffy（1998）所言甚是，對於支持幼兒時期的創造力與想像力，教師的鷹架角色是很重要的；教師的多元引導鷹架，可讓幼兒產生各種可能思考與諸多創意，也讓幼兒發現不足與可精進之處，充分體驗擴散思考與批判思考的完整創造歷程，將於以下教師角色中再述。

（二）課程氛圍：可安心探索、自信表達與繼續精進的「民主暨成長氛圍」

　　具創造性的主題課程所瀰漫的是一個「民主暨成長氛圍」，具體而言，首先它是一個可安心試驗想法，鼓勵自信、多樣表達，以及尊重獨特性與開放的「民主氛圍」；在民主氛圍裡，人人是充滿自信與相互尊重的，是一個可激起百花齊放、百家爭鳴的溫馨無壓氛圍。其次，有如 Guilford（1986）所指，在教育上除了要發展孩子的擴散性思考外，也應重視與教導批判性思維，因此教師也要創設一個「成長」的學習氛圍，讓幼兒能為超越自己而學習為傲，具有強烈的內在動機，且不怕錯誤，將錯誤視為進步的泉源，繼續自我挑戰精進改善；而且整個社群裡必須相互扶持，充滿鼓勵、接納錯誤與精進成長的聲音。Lucas（2001）曾指出，創意學習有四要件，除挑戰性外，尚有去除負面壓力、以回饋激勵、能與不確定狀態共存，這都需要教師的正向互動與刻意營造；老師的讚賞、鼓勵、回應需求均能激發幼兒的信心、減少不確定性的壓力、支持鍥而不捨的努力，同時老師的建設性回饋也能精進幼兒的創意想法，這四要件清楚刻畫出民主暨成長的氛圍，也是一個支持暨挑戰的心理環境。總之，為孩童的創意行為創設正向與有利的氛圍是很重要的（Shallcross, 1981）。

（三）課程環境：可探索、遊戲、表徵與欣賞的「多樣激勵環境」

　　具創造性的主題課程在硬體環境上所顯現的是多樣空間以及可探索、遊戲、表徵與欣賞的特性，就此而言，具有豐富資源的各類學習區是上上之選。因為學習區（或俗稱角落）不僅可以自由選擇與探

索、進行扮演遊戲、充分發揮想像力與創造力，更重要的是它容許自主學習、培養幼兒的獨立性與自信心（周淑惠，2008），而獨立自主與自信對於幼兒是很重要的，尤其我們期望他在進入小學後能持續看重獨特性與有自信的表達。又在角落活動中可以發掘幼兒的興趣領域，有利於引發心流經驗進而促進創造力的發揮。此外，環境中尚須富有引發創意的情境擺飾物和多元材料，與合宜可創作的空間和小型隱密的個人創作空間，以及刺激創意的作品陳列區，以供幼兒間彼此觀摩與互動。可以說創造性主題課程在環境上是多樣的，且是可激發創意的，因此廣納多元戶外環境於課程中是利多的，也是必要的。

（四）教師角色：扮演「夥伴與多元鷹架角色」

在創造性主題課程中，教師所扮演的角色是多元的，包括是與孩子一起玩耍創意的「夥伴」、如朋友般的「資源者」、不時提問與提供情境刺激的「激發者」，更特別的是，他也是個孩子創意的「學習楷模」（邱皓政等譯，2008；Craft, 2005; Oral, 2008; Sternberg, 2007）等。誠如 Sternberg（2007）指出，培育創造力最有力的方法是老師以身示範創造力與如何創造；可以說老師的哲學觀與態度、所提供的學習環境、所施行的教學方法、與學生的關係及互動行為，在創造力的培育上均具深遠影響，在在扮演著重大角色（Esquivel, 1995）。所以老師應是個開放、彈性的創意人，最起碼也喜歡玩創意，樂於提升創造力知能與陶冶正向創意人格特質，才能作為幼兒的夥伴，甚至楷模。此乃呼應筆者於第四章「創造力大補帖：樂活創意與巧變創意」所建議：要在日常生活中樂活於創意，才能滋養身心，進而在教學上散發能量，其實更正確地說，在教學上也要樂活於創意，與孩子一起玩創意。總之，在幼兒創造性教學模式之共同建構理念下，幼兒須不斷探究、遊戲與表徵，教師則應扮演夥伴與鷹架引導的多元角色。

　　至於教師所必須搭構的鷹架計有十項：空間、氛圍、示範、架構、回溯、語文（口說與書面）、情境激發、同儕、材料、時間。首先，教師是幼兒遊戲、探索與表徵的重要夥伴與引導者，必須提供多樣性激勵環境（空間鷹架），營造民主暨成長氛圍（氛圍鷹架），引導幼兒回溯舊經驗與知能以激發潛能與創意（回溯鷹架），以及允許充裕、完整不分割的整段創作時間（時間鷹架）。最重要的是在幼兒探究、遊戲與表徵的當下，鑑於幼兒知能與經驗的有限，教師首要給予特殊經驗的刺激（情境激發鷹架），如外出參訪探究、觀賞劇團、請來賓入園參與課程、提供特殊情境的觀察，或布置角落的主題情境等，以彌補幼兒經驗之不足；繼而提供含括聽說讀寫的語文鷹架如塗鴉記錄、分享討論、查詢資料、訪談對話的機會，以促其探究、思考，尤以刺激、澄清與統整思考的「提問」最為重要；而且還須作為楷模於適當時刻給予示範（示範鷹架），並架構幼兒可能的探索、遊戲與表徵平台（架構鷹架），讓幼兒更有信心與方向創意表達，可以說以上情境激發、語文、示範、架構四項鷹架是創造性課程中教師鷹架的核心，在圖 3-4 幼兒創造性教學模式中是位於幼兒探索、遊戲與表徵循環歷程（紅色循環箭頭）的中心區域。此外教師還須搭構材料與同儕鷹架，同儕鷹架係指安排幼兒同儕間的合作與對談及討論機會，材料鷹架意即提供多樣與開放的材料讓幼兒隨心創作。以上這十大鷹架都是在促進幼兒探索、遊戲、表徵與思考，必須相互搭配方能有利創造力的發展。

　　總之，強調探究、可能性思考遊戲暨表徵的主題課程是幼兒創造性課程的基礎與重要精神，因此吾人必先了解此類型的主題課程，在筆者 2006 年出版的《幼兒園課程與教學：探究取向之主題課程》（心理出版社出版）一書中曾充分說明如何進行。基本上在探究精神之下，它也非常強調可能性思考遊戲與多元表徵，其要旨是：在主題課程情

境中強調手動、人動、心動與他動歷程,讓幼兒實際運用觀察、訪談、查閱資料、記錄、討論、驗證、比較等探究能力去探索各種性、解決問題與發現知識,並在探究與遊戲歷程中與其後,鼓勵幼兒以各種方式表達概念理解。例如:在「我的城市」這一個主題中,幼兒出外尋訪與「觀察」城市建築、名勝古蹟、市政府、市議會,到十八尖山公園踏青與鳥瞰新竹市,「訪談」市長、議員與城市名人耆老有關城市的軼事、歷史或未來建設藍圖,在老師協助下「查閱」相關書籍與「上網」尋找城市故事與資料,以繪圖「記錄」古蹟、市政府等或訪談所得並製成小書,以多元素材「創作」新竹名產如米粉、貢丸等,用大小紙箱「建蓋」新竹之心、附近街道或古蹟以表徵探究後的理解,於角落「扮演」城隍廟訪客與求神問卜活動,戲劇「演出」市政府辦公或議會質詢情形,「創作」市歌與舉辦新竹市觀光節期末統整活動等,均是在探究「我的城市」這個主題。它充滿了求知力與行動力,而且在探索與遊戲歷程中不斷地以各項探究成果來表達並「驗證」自己的想法或「推論」,甚至在遭遇瓶頸時也能思考各種可能,以設法突破限制、解決問題。可以說在整個探究歷程中,幼兒透過同儕與師生間的互動,不僅得以建構對「我的城市」的相關知識;而且也從不斷運用觀察、塗鴉記錄、驗證等探究技能,讓這些能力更加純熟精進(周淑惠,2006)。更重要的是,能立即運用所獲知能作為表徵的起點,有利於多元創意的表現。

二、創造性主題課程幼兒表現

幼兒的創造力是驚人的,例如:在第三章筆者提及幼兒所製作的「生氣怪獸」與「接語詞、創故事」的創意表現,此處接續呈現與分析幼兒園主題課程中幼兒的創意表現,以說明主題探究課程對幼兒創

造力表現之重大意涵。前面提及創造力的發揮必須有知識與能力為基礎，幼兒具備這些基礎後，實有利於其表現創造力；亦即探究取向的主題課程有助於創造性教學著床落實，因為幼兒一面探究、一面獲得主題知能，就能以此知能為基礎，運用各種創意方式表徵其概念理解，以及在表徵過程中創意的解決各項問題。以下舉親仁實驗幼兒園花兔班「新竹趴趴 GO：新竹風晴」主題探究課程中幼兒自製充滿創意的主題統整小書為例，說明孩子的創意表現或解決問題是必須有知識與能力為基礎的，以及主題探究課程確實有利於創造性教學的實現。

　　「新竹趴趴 GO：新竹風晴」主題探究課程歷經數個探究重點，例如：發現新竹叫風城、自製風箏、運用肢體做米粉等，最後孩子以製作小書（繪本）統整整學期主題所學。孩子不僅具有主題探究中所獲得的新竹相關知識，而且對於書的種類與形式已有充分知識與經驗（因為繪本是每個主題均會接觸的媒材，且角落與園方中廊處都有豐富的繪本陳列）；再加上教師特意搭構有關繪本與製作繪本的相關鷹架（將於本節末段敘述），因此不僅在小書的內涵，而且也在書本的形式上，能有豐富、多樣且與內涵相互輝映的創作。首先就書的內容而言，含括南寮與海山漁港、城隍廟、米粉工廠等多元主題知識與內容，從中可看出教師搭構許多情境激發鷹架，以及幼兒對於主題知識印象深刻。以下是幼兒介紹自己製作的小書內容（引自親仁實驗幼兒園花兔班雙週報，2010 年 12 月 5 日第七期～2010 年 12 月 17 日第八期）：

※我畫的是南寮漁港，有看到旅客服務中心和天鵝船，還有我們在那裡放風箏。

※我畫我去南寮漁港，有在大玻璃前面看風景，有看到台灣海峽還有漁船，我有看到天鵝船，還有我們在那裡放風箏。

※從我們幼兒園二樓（花兔家教室）去到海山漁港，我還有
　畫風力發電機、有賣香腸，還有貝殼。那裡的味道不好
　聞，還有人在放風箏，然後我們坐娃娃車回學校。

※海山漁港有護港宮和風力發電機，我們是坐司機伯伯的娃
　娃車去的。

※我畫米粉工廠的機器和曬米粉的地方。

※我畫的是城隍廟的內容，我有看到人和米粉，可以買米粉
　給吳阿姨煮，而且小朋友在城隍廟看到米粉好緊張⋯⋯。

　　其次就書的外觀形式與製作方式更是多元，表現豐富的創造力，並
能彰顯書的內容，包括可以站立的書、可以手提的書、有夾層小翻頁
的書、必須解鎖的書、內可操作的書、類似摺頁的書、特殊表徵的書
等，分別説明於下。

（一）可以站立的書

　　幼兒知道用厚紙板製作書的封面，讓書可以握持並站立。「我有用
紙板做封面，我的書就可以站起來，是用膠帶黏的不會壞」（如圖 5-1
所示）。

圖 5-1　可以站立的書

（二）可以手提的書

　　有幼兒製作可以用手提起來的書，書名是《我們去米粉工廠》；封面上先畫兩個人，在兩人手的部位用一條毛根相互連結，好像兩人手拉著手，使其成為可以提握的提把，不僅很有變通性，也非常獨特不同。而且其創意不只一個，還有小翻頁設計。「我的書，封面可以翻（意指封面上也有小翻頁），裡面有一個人的手有機關可以提，我做的是立體書」（如圖5-2a和5-2b所示）。此外，有一位幼兒變通地利用有提把的蛋糕紙盒，將提把的那面剪下作為書的封面，因此所製之書也可以握提。

圖 5-2a　可以手提的書　　　　圖 5-2b　可以手提的書

（三）有夾層小翻頁的書

　　有些幼兒在書中設計小夾層翻頁，將主題知識創意呈現，即翻頁下有乾坤，繪載與主題相關的內容，增加閱讀的趣味性，而且有的小書還有數張翻頁設計。「我的書可以翻，裡面有機關（意指小夾層翻頁）可以打開，有四個機關可以翻開來，後面有畫海山漁港的東西」（如圖5-3所示）。

（四）必須解鎖的書

　　有幼兒則巧設機關，如必須解開毛根才可翻頁閱讀的書，很具獨特性，而且創意不只一項，也有夾層小翻頁設計。「……而且我的書用毛根關起來，要把毛根解開來，書才可以打開、可以翻，裡面也有翻翻書唷（意指夾層小翻頁）」（如圖5-4所示）。

圖 5-3　有夾層小翻頁的書　　　　圖 5-4　必須解鎖的書

（五）內可操作的書

　　有的幼兒進一步設計可以互動操作的書（如圖 5-5 所示），將主題內容以創意方式呈現，不僅很有獨特性，而且很有變通性。他先在書頁中黏貼一支手摺紙船，再在書頁上畫上天鵝的頭，就變成一艘天鵝船；又另做一紙人且在船身挖洞，讓紙人可以坐（插）入船身。「我的天鵝船是立體的，我有用紙畫一個人，剪下來，可以插在我的天鵝船裡面，天鵝船是先用色紙摺成一個紙船，然後畫上天鵝的頭變成天鵝船，再把船剪一個洞，就可以把我畫的人插進去」（註：天鵝船是南寮漁港區的設施）。

（六）類似摺頁的書

　　有幼兒做的是有別於一般翻頁的書，而是用膠帶連接數張，類似摺頁的書，非常具有獨特性。「我的書是用打開的方式看，是平平的，可以像門一樣打開、關起來，我用膠帶把紙一張一張黏起來，做成一本書（意指摺頁書）」（如圖 5-6 所示）。

圖 5-5　內可操作的書　　　　圖 5-6　類似摺頁的書

（七）特殊表徵的書

　　孩子的特殊表徵包括使用黏土做成人（如圖 5-7a）、毛根摺成愛心「……我還有用毛根做一個立體的愛心，也是立體書」，以及一根根毛線代表米粉「我把毛線剪成一條條的當米粉，這下面是米粉工廠的阿姨」等，還有一位幼兒用紙張剪出三個扇葉代表漁港區的風力發電機（如圖 5-7b），甚至有幼兒有立體 Pop Up 的設計。

圖 5-7a　特殊表徵的書　　　圖 5-7b　特殊表徵的書

　　從幼兒製作的小書中充分顯示，幼兒融合了主題課程「新竹趴趴GO：新竹風晴」中探究所得的知識與繪本相關知識，才能展現多元創意風貌的自製小書，例如：有漁港與米粉工廠內容的夾層小翻頁、可操作的漁港區創意天鵝船、牽手成提把的《我們去米粉工廠》（書名）、漁港區立體扇葉風力發電機等，足以說明創造力是需要有知識為基礎的，知識是創作的起點與跳板。又從幼兒的表現可以看出運用了變通力（兩人拉手手提書、紙盒封面手提書、人與天鵝船操作書等）、流暢力（有手提設計還有小夾層翻頁、有解鎖設計還有小夾層翻頁等），與獨創力（摺頁書、操作書、手提書、解鎖書等）。

　　在這樣的一個主題課程歷程中，歷經諸多探究重點，教師確實搭構了許多鷹架，在最後階段並讓幼兒將主題中所探究而來的知能與書的先備知識加以統整，製作內容、圖畫與設計相得益彰的小書。因限於篇幅，此處僅就製作此一具統整性小書的鷹架說明之。在歷經與主題有關的數個探究活動後，老師首先以照片、圖片搭構「回溯鷹架」，引導孩子回顧他們在本學期主題課程所探究的內容與經驗。接著老師提供既是「情境鷹架」也是「語文鷹架」的各類繪本圖書，例如：一

般插圖繪本、《龜兔賽跑》（立體書）、《高山上》（觸摸書）、《Three Little Pigs》（夾層翻頁書）、《我不怕》（洞洞書）等。此外，特別進行團討，鋪設「語文鷹架」，激發幼兒對繪本形式、內容的興趣與注意，以及讓幼兒尋找書名、作者並仿寫，也等於是提供「架構鷹架」，讓幼兒知道一本書的要素含括書名與作者。同時教室角落中也陳列新竹市旅遊景點等主題相關書籍及米粉製作步驟圖排序教具，既是回溯、也是情境鷹架；當然教師也提供豐富多元的「材料鷹架」以供幼兒創作之用，如紙箱、紙盒、毛根、黏土、色紙、繩子、瓶蓋等。而在孩子製作過程中，則不斷讚賞特殊設計與巧思的孩子，並鼓勵各種可能性，這也是一種「語文鷹架」，並且提供充裕的「時間鷹架」，讓幼兒可以彼此觀摩與相互刺激，達到「同儕鷹架」之效（親仁實驗幼兒園花兔班雙週報，2010 年 12 月 5 日第七期～2010 年 12 月 17 日第八期）。最重要的是，在這樣的一個教室中是瀰漫在民主暨成長的氛圍下（「氛圍鷹架」），教師容許與鼓勵另類表現與多元表徵，方能有如此多元創意的小書產生。以上種種說明兼重可能性思考遊戲與表徵的探究取向主題課程有利於幼兒創造力的表現與創造性教學的實現。

第二節　幼兒創造性教學之討論與示例（I）：「新竹趴趴 GO：食尚玩家」主題課程

上節實例顯示，探究取向的主題課程為幼兒創造性教學的基礎，惟欲充分發展孩子的創意，尚須特別著重與強化多元表徵層面。筆者非常驚豔於 Reggio Emilia 幼兒園孩子的「一百種語言」的創意表現，深信強調探究與可能性思考遊戲的主題課程若能兼重孩子的表徵，必能讓其創意揮灑奔流，顯現多樣性，誠如《孩子的一百種語言》的作者所言：「創造力需要求知與表徵做連結，開啟孩子的一百種語言」（Edwards et al., 1998: 77）。因此，在幼兒探索與遊戲時，教師要提供大量與多元的表徵機會，以表達其想法與理解，例如：肢體動作、口語表達、塗鴉記錄、操作建構、美勞創作、戲劇演出、角落扮演等。本節舉「新竹趴趴 GO：食尚玩家」主題探究課程，討論如何在其基礎之上，進一步連結孩子的求知與表徵並強化之，使其成為幼兒創造性課程。這樣的課程特色，不僅讓幼兒具備探究力，而且在全人發展目標下，也連帶促進其創造力發展。首先筆者先說明「新竹趴趴 GO：食尚玩家」此一主題課程之重要精神——探究與遊戲性，其次再討論如何將其強化為創造性主題課程。

一、「新竹趴趴GO：食尚玩家」主題課程之內容紀實

「食尚玩家」探索重點是藉由參訪城隍廟買到新竹名產貢丸與米

粉，帶出對米粉、貢丸美食的探索，整個課程充滿探究、遊戲的軌跡，是非常強調行動力的課程（以下整理自親仁實驗幼兒園小樹家雙週報，2010 年 9 月 17 日第二期～2010 年 12 月 10 日第八期；2011 年 1 月期末成果展回顧 PPT）。

主題：新竹趴趴 GO：食尚玩家

問題：新竹有哪些有名的東西？→ 以親子學習單方式訪談爸媽得到答案：城隍廟、貢丸、米粉 → 依序進行以下三大重點的探索 → 最後以貢丸、米粉廠開幕的期末成果展方式，統整與展出幼兒整學期的探索與學習內容。

探索重點一：城隍廟

問題：城隍廟在哪兒？怎麼去？→ 以製作詢問提示單詢問師長，以及借、查閱地圖方式獲得解答 → 合作繪畫路線圖 → 初次探索：實勘與驗證園所附近往城隍廟必經之中央路 → 正式探索：對照路線圖邊走邊詢問與驗證 → 參訪城隍廟購買米粉、貢丸 → 進行左右方向延伸遊戲 → 回顧尋訪城隍廟照片 → 討論與將照片排序於白板上所繪之簡易路線上 → 為免白板被擦拭，合作繪畫幼兒園至城隍廟正式地圖於海報上（含路名、路標與路線、箭頭方向）。

探索重點二：貢丸

討論貢丸、米粉特色 → 體能遊戲活動：貢丸、米粉下鍋煮 → 主題情境歌謠與遊戲 → 以黏土、色紙與毛線創作米粉與貢丸 → 問題：貢丸要如何製作呢？→ 先臆測材料再以親子學習單方式詢問爸媽加以驗證 → 以票選方式擇學習單上爸媽建議的兩種方式

（文字），並分組繪畫貢丸製作步驟圖（圖文並茂）→ 分兩組參考流程圖實際揉搓製作貢丸並烹煮貢丸湯 → 票選最佳味道者（一組加胡椒鹽與鹽巴、一組則無）並分享 → 繪畫貢丸製作工具圖。

探索重點三：米粉

吃米粉湯思考米粉成分 → 以親子學習單方式查詢加以驗證 → 問題：米粉是如何製作呢？ → 參訪米粉工廠並帶小書記錄參訪所得 → 分享所記錄的米粉製作歷程並展示小書 → 回顧米粉工廠參訪照片 → 以列印之參訪照片排序米粉製作步驟 → 製作「米粉怎麼做？」大海報（米粉製作流程圖）→ 進行體能探索暨遊戲活動：米糰擠出變米粉！ → 回顧、討論與繪畫米粉製作歷程的各種機器的設計圖 → 合作以各種素材創作米粉製作歷程的各種機器與實品（含磨米漿機、掄粿機、捲米片機、壓米粉裝置、蒸籠與曬米粉等，其中蒸籠部分還特地查閱電腦圖片加以仿製）。

「新竹趴趴 GO：食尚玩家」是一個典型的探究取向主題課程與教學，在課程中處處強調探索與遊戲，並在過程中與後將探索與遊戲結果加以表徵。每一項探索重點都有問題引導幼兒去探究答案，例如：新竹有哪些有名的東西？貢丸、米粉的生產製作方式？以及城隍廟要如何去？而在探究過程也不斷有新問題有待解決，例如：如果在訪問師長有關城隍廟如何去時，忘了題目該怎麼辦？白板上以路線、照片所構成的地圖，若擦拭掉後該怎麼辦？怎麼確定路線圖上某一路名就是中央路？參訪所攝照片上的蒸籠圖片不是很清楚，該怎麼製作？幼兒一面設法探究、一面發現答案或解決問題，獲得食尚玩家主題的重要知識與技能。上文中以藍字表示的是孩子所運用的探究（或操作）

能力，可以看得出知識是孩子與老師共同建構的：孩子「尋訪」城隍廟，「查閱」地圖與電腦資料，「訪談」師長，「參觀」米粉工廠，「記錄」參觀結果，與爸媽一起「查詢」主題相關知識，「回顧」參訪照片並「排序」，「分享」與「討論」學習單與小書記錄內容，以體能遊戲與美勞創作「表徵」探究結果與理解，實際揉搓「製作」貢丸以驗證所獲知識，「繪畫」與製作流程圖與地圖以統整所獲知能等。

　　又在孩子的探究歷程中，可以清楚看出老師的角色：成為夥伴並搭構多元鷹架助其探究，例如：一開始教師詢問幼兒新竹有哪些有名的東西，幼兒不知其意，教師遂出示去竹山遊覽所購的番薯餅名產，提供「架構鷹架」讓幼兒的探究有了明確方向。又孩子在繪製幼兒園到城隍廟地圖時，教師首先提供「回溯鷹架」讓孩子回顧參訪城隍廟照片，並在白板上繪出簡單路線圖，請孩子指示老師將列印的照片依序貼在路線圖上；接著詢問幼兒若白板上的路線圖拭去後該怎麼辦？以引發幼兒繪製地圖的動機與理解地圖的功用。以上不僅是「語文鷹架」、「回溯鷹架」，而且也是一種「架構鷹架」，架構了孩子初步的地圖概念。接著在孩子真正製作地圖時，引導孩子回顧他們最熟悉的路名（中央路）及道路位置，並拋問讓孩子思考如何讓不清楚中央路位置的人知道中央路在哪裡？孩子立即表示可以將路名文字標示在地圖上，這是「語文鷹架」也是「架構鷹架」，讓孩子意識地圖的文字元素；之後孩子則自行運用其書寫方法如黏貼字型、描寫等方式，在地圖上完成表徵路名文字。

　　而當孩子欲製作貢丸時，教師則提供「示範鷹架」，將一張全為文字紀錄的親子學習單上貢丸的製作步驟，轉換為具有箭頭、圖案標示的流程圖，並且讓幼兒比較兩者之差異，體會流程圖之功用；然後再讓幼兒分組嘗試將學習單文字紀錄轉換為圖文並茂之流程圖，以利幼兒實際製作貢丸；其後分組製作貢丸的過程無異提供了「同儕鷹

架」，讓幼兒彼此討論，更加深貢丸製作的流程步驟。而且在幼兒參觀完米粉工廠後，教師讓幼兒回顧參觀時所拍攝的照片，並排序與繪製米粉製作步驟，搭建「回溯鷹架」以利幼兒日後米粉製造機器的創作表徵。

如上所述，幼兒在「新竹趴趴 GO：食尚玩家」主題探究性課程中，透過探究與遊戲獲得許多主題知識與技能，例如：知道如何對照地圖方位實際尋訪參訪地點，了解地圖的作用與學會繪畫地圖，學會繪製流程圖技巧，並且體驗製作與烹煮貢丸，知道生產與製作米粉流程等，並將所學知識以各種方式表徵，不僅開展想像與創作的起點，表達了幼兒現階段的理解，而且在表徵過程中也創意地解決問題，易與幼兒創造性教學接軌。無論是表達製作過程的創意肢體遊戲、製作機具的美勞創作、創意菜色烹飪，甚至是開商店的圖文表徵等，只要老師心中有以培育幼兒創造力為念，強化表徵部分，幼兒便能在民主暨成長的氛圍內發揮創造力。換言之，在探究暨遊戲的主題課程基礎上，創造性教學特別容易著床，因為如文獻與上節主題統整小書所示，知識與技能為創造的基礎，幼兒在探究行動中擁有的知識與能力，足可作為創造表達、任意揮灑的基礎。其實幼兒在此一食尚玩家主題的表徵過程中已經顯現諸多創意，諸如以棉花代替「米糰」裝入綁住開口處的大型紙袋中，以剪成條狀的廢紙條代表「鋪曬的米粉」，以紙箱做出能跑出米片的「捲米片機」，以黏貼字型、描繪等方式表徵路名等。

二、強化為創造性主題課程之切入點與落實建議

承上所述，欲開展孩子的一百種語言，幼兒的求知行動必須與多元表徵更加緊密連結，以下提供各領域表徵的可能切入點，其實這些切

入點不是與涉及可能性思考的遊戲有關，就是與探索有關，即表達探索後對概念的理解或者是遊戲與探索的結果。

（一）可能切入點

切入點一：貢丸的揉搓製作與命名

> ※可揉搓各種不同的形狀並為其創意命名，如大珍丸、小米丸、肥滋滋丸、大砲丸、阿扁丸、丁丁丸、彩虹巨丸、波霸大丸等。
>
> ※可揉拌各種不同的內容物，如蘋果、胡蘿蔔、蒟蒻等。
>
> （註：本活動可用實體貢丸食材：肉與其他內容物，讓幼兒搓揉製作，也可用黏土與其他美勞材料代替，讓幼兒自行創意設計。）

切入點二：貢丸、米粉料理的設計（或烹煮）與命名

> 可巧思變化、設計（或烹煮）另類料理，如紅醬丁丸米粉（仿義大利麵）、丸酷小叮噹（有酷表情的大粒貢丸）、粉嫩奶茶（奶茶中加蒸煮過且切成小段的粗條米粉）、雀巢丸蛋（炸米粉成鳥巢狀，上加小米貢丸）、酸溜八珍丁丸、汪洋一片風順順（米粉湯為海，上加以阿扁丸當船身、上插蘋果片當帆的船）、HAP-PY（黑皮）白粉湯（皮蛋加米粉熬成湯）、紅花滿天星湯（米粉切碎加番茄蛋花湯）等。
>
> （註：本活動可用實體貢丸、米粉讓幼兒設計與烹煮簡單的料理，也可用黏土與其他美勞材料代替，讓幼兒自行創意設計；另外也可著重於創意發想與設計料理並為其命名，且繪畫所發想與設計的創意料理，或集結成創意食譜，供以下開店活動之用。）

切入點三：開店的命名、菜單、文宣等語文表徵

幼兒玩開米粉、貢丸飲食店或雜貨店遊戲時，店面的招牌、菜單或廣告 DM 等皆可讓幼兒發揮創意命名，例如：店名可以是「粉」好吃小鋪、香「貢貢」丸家、「粉」好「丸」店、「貢」「粉」伊室、「貢」香「粉」鋪、「丸」「粉」之家、「貢」香神居、小「丸」子之家等；菜單上可以有千條萬緒蚵粉羹（蚵仔米粉）、八仙過海貢丸湯（貢丸湯加八種蔬菜丁）、臭臭香粉鍋（臭豆腐鍋加米粉）、大丸小丸落一盤（各種形狀、內容的貢丸雜燴湯）等。

切入點四：開店相關的軟硬體美勞創作

在幼兒開米粉、貢丸店時，以上菜色可讓幼兒以真實米粉與貢丸製作兩三道簡易的招牌菜色，如粉嫩奶茶、HAPPY 白粉湯等，讓他班幼兒參訪購買，或作為親子活動內容，或是與期末成果展活動結合。當然也可提供替代的美勞材料，讓幼兒發揮創意，表達每道菜的特色，而且米粉、貢丸的包裝也可以讓幼兒創意設計。其實店內的擺設、裝置、收銀機、貨幣等軟硬體皆可以運用美勞材料創意設計，是一個統整性相當強的活動。

切入點五：與烹煮及製作相關的肢體遊戲或戲劇

不僅米粉與貢丸生產製作歷程的搵粿、捲米片、曬米粉、拌肉、搓揉成丸等，而且以上創意料理的烹煮過程與成品皆可讓幼兒以肢體表徵，例如：請幼兒想像自己是一團碎肉並表徵揉搓成丸的歷程，例如身體如何由頭角崢嶸的非圓球狀變成圓滑的圓球狀；再如表徵炸米粉成鳥巢的「雀巢丸蛋」的烹煮過程，例如身體如何由濕潤糾結的米粉變成僵硬酥脆的粉條等，讓幼兒思考表現其

獨特性，也可讓幼兒分組合作共同表現。甚至可拍攝貢丸、米粉促銷廣告短片，由幼兒自行編劇並演出，教師拍攝後於開商店親子活動或期末成果展中展出。

切入點六：期末成果展

期末成果展可以統整學期所探究的主題內容，並邀家長參與展出，可分為開商店與文化產業兩大部分同時進行。文化產業區除靜態展示幼兒創作的製作米粉的各種機器外，還可動態地讓來賓猜謎某部機器的用途，或請來賓進行肢體表徵的闖關遊戲，表徵材料經過這些機器的前後變化。另外也可提供材料讓來賓揉捏製作創意貢丸並為其命名，或以肢體表現貢丸特性與入鍋烹煮的過程，甚至還可邀請來賓創意設計米粉、貢丸料理並命名，最後全體幼兒票選最具特色的食譜（或料理）。參觀完文化產業區前則放映孩子拍攝的「粉好吃貢好香‧鋪」廣告短片，讓來賓到「粉好吃貢好香‧鋪」（米粉、貢丸專賣店兼賣料理）食用幼兒自製創意料理與購買商品。不僅文化產業區的所有布置、遊戲與流程全由幼兒設計，開米粉、貢丸商店，從料理、菜單、貨色，到店裡的軟硬體布置、文宣廣告影片，都可讓幼兒設計、創作。而在籌備成果展前，班上可選出米粉、貢丸親善大使，到各班介紹鄉土名產，介紹內容可以是全班共同創作的創意順口溜或口訣；或到全園各班放映「粉好吃貢好香‧鋪」廣告短片，以招攬客人。

切入點七：其他

米粉生產製作歷程的相關機具也可讓幼兒表徵，它涉及動能、輪軸等科學原理，甚至可讓幼兒設計、發明新機具；此外，也可運用紙盒、黏土、大吸管等美勞素材創作表徵幼兒園到城隍廟的3D立體地圖等。

（二）具體落實建議

　　以上每個切入點都可視幼兒興趣選擇深入探究點與表徵點，或結合數個切入點。又以上的料理與店鋪命名是筆者之作，免不了有成人世俗色彩，相信在教師作為楷模的適度引導下，幼兒的發想必定是充滿驚喜、稚趣與創意的。當然以上這些創意表現需要教師進一步搭構鷹架，鼓勵幼兒思考以表現變通力、獨創力與流暢力等。首先教師可提供各種米粉產品如南瓜米粉、芋頭米粉、山藥米粉等，以及各色各樣的貢丸或丸子如香菇貢丸、花枝丸、芋頭丸等，還有繪有彩色圖片的南北口味食譜及各店家菜單；或者是帶幼兒到貢丸、米粉專賣店或小吃飲食店或其他相關店面，見識形形色色的產品與觀察店鋪軟硬體設備；甚至是上網搜尋與觀看各種創意電視廣告影片、Google 3D 地圖等。以上均可作為「情境激發鷹架」，以刺激幼兒發揮創造力於貢丸、米粉的菜色開發與菜單設計，以及店面、招牌、廣告 DM、廣告短片的編製與 3D 立體地圖的製作等。

　　其次，教師的「語文鷹架」非常重要，例如：在幼兒探索貢丸的揉搓製作時，教師除不時「誇讚」揉捏獨特形狀貢丸的幼兒，同時也要「提問」還有沒有其他形狀的貢丸？可以為其命名什麼？再如在貢丸內容物的部分也是一樣，在幼兒探索不同內容物行動中，不斷給予讚賞與提問還有什麼不同的可能性。又在菜單的設計、菜色的開發，甚至是店鋪名稱上也是一樣，語文鷹架諸如：「菜名一定要叫『炒』米粉、貢丸『湯』嗎？」、「什麼樣的菜名較吸引人，讓人想吃？」、「還有什麼菜名也是很特別的？」、「哇！你的菜名好特別，跟別人不一樣，我一定要來吃！」、「米粉、貢丸只能煮湯或炒嗎？有沒有其他不同的作法？」、「賣米粉、貢丸的店只能叫飲食店或店鋪嗎？」、「有沒有其他名稱也代表店鋪的意思，但讓人更想去買？」。又「地

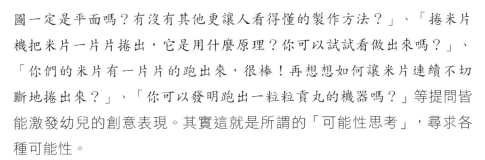

圖一定是平面嗎？有沒有其他更讓人看得懂的製作方法？」、「捲米片機把米片一片片捲出，它是用什麼原理？你可以試試看做出來嗎？」、「你們的米片有一片片的跑出來，很棒！再想想如何讓米片連續不切斷地捲出來？」、「你可以發明跑出一粒粒貢丸的機器嗎？」等提問皆能激發幼兒的創意表現。其實這就是所謂的「可能性思考」，尋求各種可能性。

又前面筆者提及並不排斥創造思考教學策略的運用，在搭構語文鷹架時，如料理與店鋪命名，教師可以運用「強迫關係法」與幼兒一起發想，讓原不相干的語詞結合成具有創意的另類語詞，如頑固小丸子、貢丸的粉絲、彈跳的貢丸、丸粉之家等；也可以運用「型態分析法」先作料理成分分析，再巧妙變通、連結各子成分，與幼兒構思另類料理，如優格米粉沙拉、粉飛丸跳牆、三杯粉絲米粉等。

在幼兒創作過程中，老師的「示範鷹架」或「架構鷹架」也很重要，誠如文獻所指，培育創造力最有力方式是老師以身示範。舉例而言，老師在團討時可以對幼兒說：「貢丸有摻香菇的，味道比較香；蘋果對我這樣怕胖的人很好，不知道蘋果摻在肉中揉出來的貢丸味道如何？我等一下要試做看看！」、「那你們要嘗試在肉中摻些什麼呢？」。這樣的對話不僅是「語文鷹架」刺激幼兒思考，而且在老師行動示範蘋果貢丸下，形同開啟了幼兒探索不同貢丸內容物的行動，指引了幼兒的探究與創作方向，也是一種「架構鷹架」。再如：「米粉只有煮湯與炒的兩種方式嗎？」、「我一定要試試看其他不同作法！…… 奶茶裡面加粉圓變成波霸奶茶，我想試試看加米粉……然後給它取名『粉嫩奶茶』！」、「那你們想要嘗試其他什麼作法呢？」。這樣的對話不僅是「語文鷹架」刺激幼兒思考，而且在老師行動示範粉嫩奶茶下，也開啟了幼兒探索不同米粉作法與料理的行動，等於是一種「架構鷹架」，指引了幼兒的探究與創作方向。

　　對於經驗有限的幼兒,以上老師的情境激發鷹架、示範鷹架、架構鷹架與語文鷹架開展了幼兒創意表現的無限可能,應彈性地善加運用,這是整個探索、遊戲與表徵的核心鷹架(如圖 3-4 所示)。當然,要探索與創作一定要有材料,老師與園方提供豐富、多元的探索與創作的「材料鷹架」是必要的。而在表徵與創作時,教師可運用照片、影音檔讓幼兒回顧參訪經驗或其他舊經驗,讓舊有情境激發持續發酵,這就是「回溯鷹架」;此外,亦可分組讓不同能力的幼兒討論、觀摩與相互刺激,以達「同儕鷹架」之效。最後也是很重要的是,教師必須提供「時間鷹架」與「空間鷹架」,讓幼兒擁有充裕的時間以及合宜的揉捏與烹煮空間,它是探索與創作食譜(料理)的先決條件。而以上各種鷹架支持是籠罩於民主暨成長的教室氛圍之下,幼兒才能安心、大膽地百花齊放,顯示獨特力、變通力、流暢力,甚或精進力。

　　「新竹趴趴 GO:食尚玩家」主題探究課程的原本課程目標含括認知、情意與技能,若欲注入創意元素進一步與創造性教學接軌,必須加入創造性教學相關目標如下(以楷體表示):

認知:認識新竹美食特產的種類與特色

　　　增進新竹美食特產的產製與料理知識

　　　促進創造能力如變通力、獨特力、流暢力與精進力等

情意:陶冶愛鄉愛家的情懷

　　　培養合作的情操

　　　培養創造人格特質如好奇與想像、堅持與挑戰等

技能:發展大、小肌肉能力(如運用身體部位與動作表徵,以及剪貼、搓揉、攪拌、撕、捏等的能力)

　　這樣的一個以主題探究課程為基礎的創造性主題課程，涉及體能、美勞、社會、健康、戲劇、語文、數學、科學等各領域的探究、遊戲與表徵，具統整性，以及強調情境、語文、架構、示範、材料、同儕、空間等十項引導鷹架，已如上述。幼兒創造性教學在課程上的另一項重要特徵是強調一個可安心探索、自信表達與繼續精進的「民主暨成長氛圍」，因此「新竹趴趴 GO：食尚玩家」主題探究課程可以強化此一氛圍的營造，以利創意更加發芽。教師可以鼓勵幼兒以創造發明家自居，時常提醒：「小發明家！你今天有不同的想法嗎？」、「你的金頭腦有新的想法嗎？」、「小博士！貢丸一定要是圓的、肉做的嗎？還有沒有不同的形狀？不同的材料？想想看！」、「米粉一定要煮湯與拌炒嗎？還可以有什麼不同的料理方法呢？」、「如果你是店鋪老闆，你要怎麼設計你的米粉、貢丸包裝，讓大家一看到就喜歡購買？」。而當孩子黔驢技窮或失去信心時，教師給予信心並鼓勵幼兒挑戰自己，例如：「我上次看你做的很棒，我相信你一定可以想出來怎麼做！」、「哇！快要完成了！加油！」。而當孩子有另類想法產生時要大大誇讚，例如：「哇！很棒喔！我從來沒想到可以這樣做！」、「真是特別啊！你可以跟大家分享怎麼做嗎？」、「真是厲害啊！我要把你的設計張貼在白板上，讓大家都可以看到！」、「大家看！他們不錯喲！把毛線剪成一條條當作米粉，還有什麼東西也可以當成米粉？」。當然最重要的是，禁止所有恥笑他人創作表現之行為，讓幼兒有一個安心探索、創作的環境。

　　除了營造民主、百家爭鳴的氛圍外，也要營造一個成長、精進的氛圍，例如：「我發現你們做的這個很像呦！很棒喲！不過要想想看怎麼改良才能讓這個機器真的有捲動的功能，像真的機器一樣可以一面操作，一面就有粉皮連續捲出來？」、「你可以挑戰自己，設計得讓米粉可以一條條跑出來，像真的機器一樣嗎？」、「小發明家！你的貢丸

機要怎麼改良，才能讓貢丸一粒粒跑出來，而不是整條跑出來呢？」、「這個粉嫩奶茶很好喝，但米粉有些軟軟的，怎麼樣才能更有彈性，像波霸奶茶的粉圓一樣？」、「這個蘋果貢丸是很好吃，可是散開了，再想想有什麼方法讓它形成一個丸體樣？」、「哇！太厲害了！沒想到你們的機器真的做出來了！可以捲米片喔！」，以及「哇！真的好特別的味道呦！大廚師，你們真的變出來了！」。

幼兒創造性教學在課程上的最後一重要特徵是提供可探索、遊戲與欣賞的「多樣激勵環境」，因此「新竹趴趴 GO：食尚玩家」主題探究課程可以強化此一環境的提供，以利創意更加萌發。首先教室要提供豐富多元的角落，讓幼兒可以在角落中探索、遊戲，例如：在語文角陳列米粉、貢丸相關書籍；各家飯店的菜單；各種食譜與廣告 DM；各種紙筆文具等，幼兒可以在此創意設計菜單上的菜名，以及米粉、貢丸的包裝，和店鋪招牌與廣告宣傳單等。再如可將有扮演用的鍋爐、碗盤等的娃娃家與有大小積木、操作配件的積木角合併使用，讓幼兒進行開貢丸、米粉商店的遊戲，並且可以在此醞釀電視廣告短片的編擬與拍攝，或在個別角落中玩扮演遊戲。另外也要有大大小小的創作空間，如靠近水源、可臨時當烹煮區與搓揉製作之處；足夠大的肢體遊戲空間，讓幼兒安心自在伸展與表徵；可合併成大桌或大範圍的美勞創作區，以供大型創作之需；甚至還有較為封閉的小角落空間，以供幼兒獨自創作之用；當然還要有明顯的陳列與展示作品的區域，讓幼兒彼此可以相互觀摩與激盪。

以上涉及多元領域的探索、遊戲與表徵切入點，比原主題課程更加深入探索與遊戲，教師鷹架搭構也更完整，不過幼兒在原主題所探究的知識是所建議新切入點的基礎，例如：幼兒在原主題透過學習單與繪畫步驟圖，並以實際食材揉搓製作貢丸，知道貢丸如何製作與烹

煮，就有利於新切入點一「貢丸揉搓製作與命名」、切入點二「貢丸料理的設計（或烹煮）與命名」之各種創意表徵，如大砲丸、小米丸、丸酷小叮噹、粉嫩奶茶等。換言之，兼重可能性思考遊戲的主題探究課程是幼兒創造性教學的實施溫床，因此，教師要進一步地製造機會刻意連結幼兒的求知歷程與表徵管道，立意搭建有利多元表徵的各項鷹架。在這樣的一個籠罩於民主暨成長氛圍下，具有多樣激勵環境且強調探索、遊戲暨表徵的統整性主題課程中，由於教師搭建了多項鷹架，不僅活化與開放教學，讓幼兒的學習有趣、具挑戰性；而且也能激發其創造力，並且著重於幼兒全人發展，實符應本書第三章所指之幼兒創造性教學意涵，以及幼兒創造性教學模式。

第三節　幼兒創造性教學之討論與示例（II）：「新竹趴趴 GO：新竹・新族」主題課程

　　Craft（2002）指出小 c 創造力涉及運用想像力、智慧、自我創造與自我表達。Beetlestone（1998）認為，培育幼兒的創造力，除著重獨創性、創思與解題，及與大自然創造連結外，其他三項重要內涵是操作性產出、表徵與一種學習形式；又創造力既是一種表徵與創造產出，幼兒創造力要不斷地表徵與發展。的確，表徵在認知發展上是核心角色，孩子應有接近與製造各樣表徵機會（Duffy, 1998）。職是之故，幼兒創造性教學要強調不斷的實作與表徵，才能呈現一百種語言，發展幼兒的創造力。本節舉「新竹趴趴 GO：新竹・新族」主題探究課程，討論如何在其基礎之上，密切連結孩子的求知探究與表徵並強化之，進一步增能為幼兒創造性課程。這樣的課程特色，不僅讓幼兒具備探究力，而且在培育完整全人目標下，也促進創造力發展。首先筆者說明「新竹趴趴 GO：新竹・新族」此一主題課程之重要精神——探究與遊戲性，其次討論如何將其強化為創造性主題課程。

一、「新竹趴趴GO：新竹・新族」主題課程之內容紀實

　　本主題課程幼兒的探索內容大致有三大重點：(1)你是什麼人？(2)搭蓋客家新瓦屋；(3)實驗與實作客家染布。在老師以各種不同語言向幼兒道早，引發幼兒意識新竹有不同族群與文化後，拉開探究與遊戲

序幕，也是一個非常強調行動力的課程（以下整理自親仁實驗幼兒園亮晶晶班雙週報，2010年10月8日第四期～2010年12月7日第九期）。

主題：新竹趴趴 GO：新竹‧新族

你是什麼人？ → 搭蓋客家新瓦屋 → 實驗與實作客家染布 → 完成搭蓋客家新瓦屋 → 期末成果展。

探索重點一：你是什麼人？

問題：請問你是什麼人？ → 以親子學習單方式訪談爸媽是哪一族群的人 → 分享與討論學習單所載（各族群） → 製作族群人數統計海報 → 聆聽家長分享太魯閣部落之民俗 → 以親子學習單方式訪談爸媽出生地在哪？是否為新竹？ → 訪問調查鄰近社區（錦華市場）的族群分布 → 分享與討論我的出生地學習單 → 製作出生地統計海報 → 創作兒歌：不同族群當好朋友。

探索重點二：搭蓋新瓦屋

外出觀察眷村外省房屋 → 討論眷村外省房屋有何特色？ → 觀看照片與討論客家房子有什麼特色與如何建蓋？ → 討論與繪畫我現在住的房子並與傳統房子比較 → 以查書、訪談方式探究傳統房子有什麼特色？ → 參觀客家文化園區新瓦屋 → 以積木建蓋新瓦屋 → 運用身體玩建構房子的遊戲 → 討論蓋房子的材料 → 初嘗以紙箱等建構房子 → 討論蓋房子方法（如先設計與實際做出模型、討論與繪畫步驟圖） → 分牆壁組與柱子組建構房子 → 創作三 D 立體的新瓦屋（含磚塊等細節）。

探索重點三：實驗與實作客家染布

外出散步看見客家染布服飾，激起對**客家染布**如何製作的興趣 → 以親子學習單**共同查尋**染布材料 → **分享與討論**學習單有關染布材料→ **觀看**於網路上搜尋的染布影片以及幼兒**分享**染布方式與技巧 → **討論與統整**染布的材料與工具 → 外出買布於行前**討論**所欲訪談問題 → 外出買白布與**訪談**老闆 → **討論**染布的準備計畫（工具與材料）與**繪畫**染布步驟海報圖 → **檢視與討論**工具材料準備情形 → 第一次煮染料**實作**染布 → **觀察、討論與比較**第一次染布之不同染料（柳丁皮與洋蔥皮）使用的結果 → 第二次染前**討論與預測**（預測染料如樹葉、花瓣其染後顏色是否會變化？**預測**以橡皮筋、夾子等工具綁好的布其染出的可能結果？**猜測**已染好花色的布，染前是如何綁或運用何種工具？**預測**運用不同工具其染出結果會不同嗎？）→ 外出撿拾落葉與花瓣 → 第二次煮染料**實作**染布 → 第三次染前**討論與預測**（如水彩可以染紙張，也可染布嗎？樹葉加冷水搗爛可染嗎？生活中還有什麼自然染劑？染出顏色與原染劑顏色一樣嗎？）→ 以生活中染料（或搗爛）如菠菜、紅鳳菜、醬油與番茄醬等進行第三次**實作**染布→ 結合縫工、亮片等裝飾**創作**已經染好的布。

　　無疑地，「新竹趴趴 GO：新竹‧新族」也是一個典型的探究取向主題課程與教學，在課程中處處強調探索與遊戲，並在過程中與後將探索與遊戲結果加以表徵。每一項探索重點都有問題引導幼兒去探究答案，例如：新竹與班上有哪些族群？客家房屋有什麼特色與如何建蓋？客家染布如何製作？而在探究過程也不斷有新問題有待解決，例如：染料的顏色與染出的結果不同該如何？如何染出鮮豔的顏色？房

子的建蓋如何由平面到立體等？幼兒一面設法探究、一面發現答案或解決問題，獲得「新竹趴趴 GO：新竹・新族」主題的重要知識與技能，上文中以藍字表示的是孩子所運用的探究或操作能力，可以看得出知識是孩子與教師共同建構的。而且在孩子的探究歷程中，也可以清楚看出教師的角色：成為夥伴並搭構鷹架助其探究，例如：提供「情境激發鷹架」，讓幼兒實地親臨客家文化園區的新瓦屋，以建構對客家住宅的理解；其後教師透過參觀照片，搭構「回溯鷹架」與幼兒共同回憶新瓦屋的結構，以利日後創作表徵；在分享與討論親子學習單時，教師無異提供了「同儕鷹架」，讓有經驗的幼兒分享染料與工具的運用；在實驗染料與染布歷程中，教師更是提供了許多「材料鷹架」，讓幼兒的探究得以實現；最後在染布變身活動中，提供「示範鷹架」，畫出圖案的外框並點上標記，提示孩子縫紉的路徑方向，也等於是「架構鷹架」，提高孩子成就感並促進創作的動機等。

　　幼兒在「新竹趴趴 GO：新竹・新族」主題探究性課程中，透過探究與遊戲獲得許多主題知識與技能，如了解班上與新竹有許多不同族群與文化；知道過去客家、外省族群與當代房屋的特色與異同；建構許多染料知識以及染布與科學實驗的技能等。以實驗與實作染布探索重點為例進一步說明其所獲知能，幼兒經過一連串探究後知道：染料原始顏色、煮過後顏色與染於布上顏色皆不相同；除化學染劑外，生活中有很多自然的染料而且不必燒煮；在染前，橡皮筋、冰棒棍與夾子要緊密操作（如扭轉數圈、夾緊），才能染出明顯的或螺旋形狀的圖案；充分建構染料、工具、步驟的概念：染料可以使布改變顏色，工具能改變圖案花樣，步驟則是製作染布的方法與順序；並學到繪畫步驟圖的能力以及工作計畫與準備的重要性。

　　有了以上這些探究而來的知能，其後就可以以各種方式表徵幼兒現階段的理解，開展無限創作的可能，易於表現幼兒創造性教學精神。

無論是表達染布歷程與技巧的創意肢體遊戲、運用染布工具與技巧的美勞創作，甚至是開染布鋪莊命名與文宣語文表徵等，只要教師以培育幼兒創造力為念，強化多元表徵部分，幼兒便能在民主與成長氛圍內大大揮灑創造力。換言之，在探究暨遊戲的主題課程基礎上，創造性教學特別容易實現，因為如文獻所言以及上節主題統整性小書實例，知識與技能為創造的基礎，幼兒在探究行動中擁有的知識與能力，足可作為創意表達的踏板。其實幼兒在此一主題的表徵過程中已經顯現諸多創意，諸如所創作的「不同族群人當朋友」兒歌，歌詞內含注音符號以及各族群簡單語言；兩人合作以身體表徵建築工人推手推車（如一人兩手著地，兩隻後腳被另一人抬著或抱著）；以色筆繪畫圖案輪廓並結合縫工與裝飾小物，凸顯圖案設計，讓染布大變身等。筆者特別喜歡幼兒所創作的兒歌，它充分顯示主題中所探究的知識，附錄於下：

我們都住在台灣的新竹，

新竹有：閩南人、客家人、外省人、原住民、印尼人。

ㄇ是ㄇㄧㄣ閩南人，說閩南話，說「ㄠㄗㄚˋ」（早安）。

ㄎ是ㄎㄜˋ客家人，說客家話，說「吃飽沒？」。

ㄨ是ㄨㄞ外省人，說外省話，說上海話，說「謝謝儂」（謝謝你）。

ㄩ是ㄩㄢ原住民，說十四族話，說太魯閣族話，說「八以」（外婆）。

ㄧ是ㄧㄣ印尼人，說印尼話，說「ㄟ那尬」（好吃嗎？）。

我們是一家人，我們要相親相愛，永遠當好朋友。

二、強化為創造性主題課程之切入點與落實建議

因「新竹趴趴 GO：新竹‧新族」涵蓋三個比較不同的探索子題，以下以「實驗與實作客家染布」小子題的深度探索，進一步說明可讓幼兒更加發揮創意的各領域表徵切入點，使之與孩子的求知行動緊密連結，開啟孩子的一百種語言，更具創造性教學特色，而這些切入點均與探索或遊戲有關。

（一）可能切入點

切入點一：各種染料的探索與創作

許多自然物皆可當染料，有些需烹煮過、有些則需搗爛、有些則直接使用即可呈現效果，均可讓幼兒探索。也可讓幼兒探索混合不同自然物的染色效果、多層次重複染色的效果。此外，油性水彩直接滴於盆中讓其自然擴散或立意撥弄渲開，然後將布輕輕接觸水面，亦可呈現美麗、創意圖案。

切入點二：染布工具、技巧的探索與創作

染布工具很多，可儘量提供讓幼兒探索其效果，例如：同樣是圈綁作用的橡皮筋就有粗細不同；除橡皮筋外，可達成不同圈綁效果的物品亦有許多，如寬皮尺、尼龍繩等；夾子也有多種如寬口夾、扁夾、木質夾、文具夾等，其效果自然不同；布層間隔離染料作用的物品除冰棒棍外，還有很多如錢幣、平板梳子、塑膠尺、雪花片等。至於染布的技巧也具多樣，當然教師要準備大大小小、長長短短的布，讓幼兒可以探索摺疊、抓綁、圈綁、摺抓、結綁、螺旋扭轉、S 轉等技巧，以及這些技巧混搭使用的效

果。再加上多樣工具與技巧的混合運用,甚至搭配不同染料與不同層次染法,其效果是加乘變化的。

切入點三:染布的延伸創作

染過的布可以搭配各種創作技巧,製作創意的染布工品,例如:加上水彩畫、蠟筆畫、蓋印畫、滴蠟畫等裝飾,或是剪貼碎布貼或縫於染布上形成有趣圖案,甚至是提供毛線、彩色繡線與各種小裝飾物,更加凸顯染布創作。更有趣的是,染布工品可以延伸創作成簡單的手提袋或長背袋、實用的圍裙或圍巾、詩意的窗簾或桌巾、內塞棉花的抱枕或玩偶,以及可配合戲劇演出製作布景、劇服等。

切入點四:與染布相關的肢體遊戲或戲劇

染布製作歷程的各種不同技巧如扭轉、圈綁、打結等,以及染前、染後從僵硬、到鬆軟濕潤、到乾後皺摺的布的質地變化,均可讓幼兒想像自己是一塊染布並以肢體表徵。以扭轉為例,身體很多部位均可當染布加以扭轉,請幼兒想像某一個部位是染布與染布被扭轉的樣子,加以表徵。此外,也可讓幼兒穿戴所染布料,配合戲劇情節演出如穿大披風的王子、戴頭巾的侍衛、穿圍裙的廚師等;或是將所染的布料布置舞台當簾幕或桌巾用,以增加戲劇效果。當然也可為所染工品編製情節,以戲劇演出方式拍攝促銷廣告短片。

切入點五:開染莊相關的軟硬體美勞創作

幼兒可以進行開染布鋪莊的活動,展示與販賣其所製作的染布延伸工品,邀請他班幼兒前來觀賞與購買,或者是與親子活動或期末成果展活動結合,讓家長參與。所製作的染布工品可以作為布

置店面之用，如窗簾、桌巾、招牌等，或者是店員的衣飾，如頭巾、領巾等，使之更具有情境性與說服力。這是一個統整性相當強的活動，除店面裝飾布置外，如何陳列各種染布工品於櫃架，使之賞心悅目並易於尋找（如依工品類別擺置、以有趣圖案陳列、以幾何圖案擺設等）？工品如何包裝使之又能顯示染效、又具有美化或遮瑕效果，或相互襯托發揮相得益彰效果以吸引顧客（如包裝的材質、樣式、花色等的搭配）？甚至是工品型錄、錢幣、廣告海報都可讓幼兒創意構思與表徵。

切入點六：開染莊的命名、文宣等語文表徵

幼兒可以發想招牌、店名該如何創意命名才能吸引顧客光臨（如大染坊、玩色布宮、好色染房、布瓜布染、彩虹變舍等）？還有工品該如何命名使之符合製作特性又具創意（如花瓣染料的「花香春絹」及「阿花布染」、綠葉染料的「綠意水簾」、蔬果染料的「蔬果饗宴桌巾」及「羞答新娘門簾」等）？

切入點七：期末成果展

可讓家長、來賓體驗運用各種染料、工具與技巧的染布活動；並配合染布莊開幕活動，舉辦義賣，捐贈慈善機構；或染布公主、王子選拔，讓幼兒創意地穿戴自己所染的布料，獎項由幼兒（或與家長一起）命名如花啦美少女獎、大方混搭獎等、前衛小勇士獎等。

（二）具體落實建議

以上每個切入點都可依幼兒興趣決定深入探究點與表徵點，或結合幾個切入點。又以上的染布工品命名與店鋪命名是筆者之作，免不了有坊間世面色彩，深信在教師作為楷模的適度引導之下，幼兒的命名

必定會充滿童趣，讓人驚豔不已。當然以上這些創意表現需要教師進一步搭構鷹架，鼓勵幼兒思考以表現變通力、獨創力與流暢力等。首先教師可提供各種相關的布料工品如染製工品、棉織工品、毛線工品、刺繡工品等，還可提供繪有彩色圖片的各種工品型錄、廣告 DM 等；或者是帶幼兒到各類相關工品店鋪，見識形形色色的產品與觀察店鋪軟硬體設備，作為「情境激發鷹架」，以刺激幼兒發揮創造力於染製工品的探索與設計，以及店名、招牌、店面與廣告 DM 的發想與創意設計等。

其次，教師的「語文鷹架」非常重要，例如：在幼兒進行染布工具、技巧的探索與創作時，教師除不時「誇讚」運用獨特工具與技巧的幼兒，例如：「我沒有想過梳子也可以夾在布裡綁緊去染，真是特別啊！」；同時也要「提問」還有沒有其他工具像梳子一樣可以夾在布中，也能製造特殊效果？並且鼓勵幼兒大膽嘗試。有關染布技巧也是一樣，教師必須不時提問、刺激幼兒還有沒有其他可能性，例如：「除了用摺疊方式抓染及圈綁方式外，還有沒有其他方式也可以染出漂亮圖案呢？」。這就是「可能性思考」的運用，思索各種可能性並採取行動嘗試。此外教師也要提供幼兒探索的「示範鷹架」，例如：教師示範如何記錄（含文字、圖示）所運用工具、技巧、染料諸變項與其染出效果，以利幼兒記憶思考與持續探索不同的染料、工具與技巧；當然這也是一種「架構鷹架」，指引了幼兒接續的探索方向，而且也是一種「回溯鷹架」，幫助幼兒回憶與統整所學。

在幼兒創作過程中，教師的「示範鷹架」相當重要，誠如文獻所指，培育創造力最有力方式是教師以身示範，例如：教師在團討時可以對幼兒說：「有人試過扭轉再夾緊的方式，我想試試看連續扭轉，並在雙邊用布自身打結再夾緊，不知會有螺旋紋路與煙火效果嗎？」、「我也想試試看先摺疊數層再抓揪，然後用『皮尺』圈緊的效果，不

知會與『橡皮筋』圈緊的效果有什麼不一樣？」、「還有布先摺疊數層再抓揪圈緊與布不先摺疊再抓揪圈緊，會有什麼不一樣的效果？」。甚至可以挑戰幼兒的思考，例如：「我喜歡獨特的設計，與眾不同的染布，我想到了！我想把這塊長布條先以螺旋方式捲在長塑膠水管外圍，然後將水管彎曲數段浸染不同顏色的染料，不知會變出什麼花樣？」；或者是：「我這裡有一個『金屬蒸盤』，我想把布面用筆尖穿入蒸盤的一個個小洞洞裡，並且將拉出來的地方一部分浸入染料水中，不知會變成什麼花樣？」，接著問幼兒：「那你們要嘗試什麼不同的方式或工具呢？」。這樣的對話不僅是「語文鷹架」刺激幼兒思考，而且在教師以行動示範連續扭轉、雙邊打結、摺疊數層抓揪、螺旋捲，以蒸盤、水管作為創作工具後，不僅是「示範鷹架」，也開展了幼兒探索不同技巧與工具的後續行動，無異是「架構鷹架」，明確地指引幼兒各種可能的探究與創作方向。

　　對於經驗有限的幼兒，以上教師的情境激發鷹架、示範鷹架、架構鷹架與語文鷹架開拓了幼兒創意表現的無窮可能，是幼兒創造性教學的核心鷹架（如圖 3-4 所示），教師應彈性地善加利用。當然，要探索與創作一定要有材料，老師與園方提供幼兒豐富、多元的探索與創作「材料鷹架」是必要的，如形形色色的染布工具與染料；而在探索與創作時，教師可運用先前試染的紀錄表、照片、參訪影音檔、染製成品等，勾起幼兒的記憶，提供「回溯鷹架」；此外，亦可分組讓不同能力幼兒彼此討論、相互刺激，以達「同儕鷹架」之效。最後也很重要的是，教師必須提供「時間鷹架」與「空間鷹架」，讓幼兒擁有充裕的創作時間以及合宜的探索與陳列作品空間，是探索與創作染布的先決條件，因為染布染料、工具與技巧非常多元，三者間混合運用雖然會產生加乘效果，不過也很耗費時間、空間去探索各變項的可能混搭效果。

　　「新竹趴趴 GO：新竹‧新族」主題探究課程的原本課程目標含括認知、情意與技能，若欲注入創意元素進一步與創造性教學銜接，必須再加入創造性教學相關目標如下（以楷體表示）：

認知：認識新竹的不同族群

　　　認識客家房屋的特色

　　　學習客家染布的知識與方法

　　　學習工作計畫的能力

　　　促進創造能力如變通力、獨特力、流暢力與精進力等

情意：接納不同族群的文化

　　　培養合作互助的情操

　　　陶冶愛鄉愛家的情懷

　　　培養創造人格特質如好奇與想像、堅持與挑戰等

技能：發展大、小肌肉能力（如運用身體部位與動作表徵，以及剪貼、扭轉、捏夾、圈綁、摺疊、打結、縫工等的能力）

　　這樣的一個以主題探究課程為基礎的創造性主題課程，涉及體能、美勞、健康、語文、社會、科學、數學、戲劇等各領域的探索、遊戲與表徵，亦具統整性精神，以及強調情境激發、語文、材料、示範、架構、空間、回溯等十項引導鷹架，已於上述。幼兒創造性教學在課程上的另一項重要特徵是強調一個可安心探索、自信表達與繼續精進的「民主暨成長氛圍」，因此「新竹趴趴 GO：新竹‧新族」主題探究課程可以強化此一氛圍的營造，以利創意更加萌生。教師可以鼓勵幼兒以創造發明家自居，時常提醒：「小發明家！你今天有特別的想法嗎？」、「你的金頭腦有不同的想法嗎？」；或是挑戰幼兒：「我們只能在布料上作動作或使用工具如摺疊、扭轉、抓揪夾緊、置夾層綁

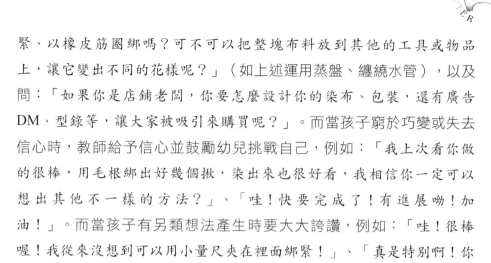

緊、以橡皮筋圈綁嗎？可不可以把整塊布料放到其他的工具或物品上，讓它變出不同的花樣呢？」（如上述運用蒸盤、纏繞水管），以及問：「如果你是店鋪老闆，你要怎麼設計你的染布、包裝，還有廣告DM、型錄等，讓大家被吸引來購買呢？」。而當孩子窮於巧變或失去信心時，教師給予信心並鼓勵幼兒挑戰自己，例如：「我上次看你做的很棒，用毛根綁出好幾個揪，染出來也很好看，我相信你一定可以想出其他不一樣的方法？」、「哇！快要完成了！有進展呦！加油！」。而當孩子有另類想法產生時要大大誇讚，例如：「哇！很棒喔！我從來沒想到可以用小量尺夾在裡面綁緊！」、「真是特別啊！你可以跟大家分享怎麼染的嗎？」、「真是厲害啊！我要把你的設計當作是教室布置，讓大家都可以欣賞你的傑作！」、「大家看！他們這組不錯喲！染的桌巾色彩很豐富，花樣也很鮮明喲！我要看還有哪一組也很棒！」。當然最重要的是，禁止所有恥笑他人創作表現之行為，讓幼兒有一個安心探索、創作的環境。

除了營造民主、百家爭鳴的氛圍外，也要營造一個成長、精進的氛圍，例如：「我發現你們染的這個花色很好看呦！不過螺旋紋路不是很明顯，再想想看怎麼讓染出的螺旋紋路很清楚？」、「你的圖案很特別，可是顏色只有一種，想想看怎麼同時染出好幾種顏色？」、「你可以挑戰自己，設計得很特別，是一般店鋪比較看不到的花樣嗎？」、「這個布染得很漂亮，但是它的包裝蓋住了美麗的花色，想想看可以怎麼辦？」，以及「哇！太厲害了！沒想到你們染布工品店真的做出來了！有各式各樣的工品！要怎麼布置，才能讓它更像真正的染布工品鋪？」

幼兒創造性教學的最後一重要特徵是提供可探索、遊戲與欣賞的「多樣激勵環境」，因此「實驗與實作客家染布」小子題可以強化此一環境的提供，以利創意更加萌發。首先教室要提供豐富多元的角

落，讓幼兒可以在角落中探索、遊戲，例如：在語文角陳列染布相關書籍；各家染布、織品店鋪的型錄與廣告 DM；各種紙筆文具等，幼兒可以在此創意設計型錄、染布包裝、店鋪招牌與廣告 DM 等。再如娃娃家與積木角可合併使用，進行開染鋪店家的遊戲，並且可以在此醞釀電視廣告短片的編擬與拍攝，或在個別角落中玩扮演遊戲。另外也要有大大小小的創作空間，如靠近水源，可臨時當染料烹煮、搗爛、調配之處；可合併成大桌子或大範圍的美勞創作區，以供大型創作之用如桌巾、窗簾等；足夠大的肢體遊戲空間，讓幼兒安心自在伸展與表徵；甚至還要有較封閉的小角落空間，以供幼兒獨自創作之需；當然還要有明顯的陳列與展示各式各樣染布工品的區域，讓幼兒彼此可以相互觀摩與刺激。

以上建議的探索、遊戲與表徵切入點，涉及多元領域，它比原主題課程要來得深入，教師所搭鷹架也較為完整。然而幼兒於原主題所探索的知識是所建議新切入點的基礎，例如：幼兒經歷數次探索與體驗已熟知染布需要染料、工具與技巧的巧妙搭配，就有助於新切入點二「染布工具、技巧的探索與創作」之多元創意表徵，如圈綁、S 轉技巧、纏繞或穿過其他物體、運用梳子或寬口夾等。換言之，兼重可能性思考遊戲的主題探究課程是幼兒創造性教學的實施跳板。這樣的一個強調幼兒探索、遊戲暨表徵，教師成為夥伴並搭建鷹架的主題統整課程，不僅活化與開放教學，讓幼兒的學習有趣、具挑戰性，而且也能激發其創造力，並且著重於幼兒全人發展，充分符應本書第三章所指之幼兒創造性教學意涵與幼兒創造性教學模式。總之，教師在主題探究課程基礎上要抓住機會立意連結幼兒的求知行動與表徵呈現，搭構促進多元表徵的各項鷹架。

6 CHAPTER 教學活動變變變：幼兒創造性教學ㄚ

　　上章討論具創造性的主題課程，而教學活動是任何課程的基本單
位，因此根據第三章所提出之「幼兒創造性教學模式」，本章
第一節說明幼兒創造性教學活動的特徵與設計實務，第二節則進一
步提出幼兒創造性教學活動的實例數個，以達理論與實務相互映
證、增進理解之效。而本章所舉的活動實例，部分曾在幼兒園試行
與修正。

第一節　幼兒創造性教學之活動特徵與設計實務

　　一個主題課程由數個教學活動所組成，本節探討這些教學活動的特
徵，並且論及其具體設計實務，以利幼兒教師設計與實施創造性教
學。

一、幼兒創造性教學之活動特徵

　　以下分別從教學的各項要素：教學目標、教學內容、教學方法、教
學評量，論述幼兒創造性教學活動的特徵，並舉下節所提供之活動實
例說明這些特徵。

（一）教學目標：嵌入創造力相關目標於活動中

　　幼兒創造性教學是以全人發展為基礎，強調教師與幼兒均能運用創造力，而教學活動應包含認知、情意、技能三項基本教學目標，因此在設計與實施幼兒創造性教學活動時，吾人應將創造力培育相關目標如創造能力與創造人格特質，納入原設定之教學活動目標中，一併加以考量。創造能力包含變通力、獨創力、流暢力等擴散思考能力，以及評選、修正想法的批判思考能力，均屬認知目標範疇；創造人格特質包含強烈內在動機、好奇與想像、專注與堅持、冒險與挑戰，以及開放與成長等五大項特質，則均屬情意目標範疇。

（二）教學內容：有趣、挑戰，以激發動機與創造潛能

　　考量幼兒全人發展的創造性教學，其活動內容首要以幼兒周邊生活素材與經驗為主，並要均衡各領域內容；其次活動要儘量有趣、變化，激發幼兒的學習動機，同時也要稍具挑戰性，設計得「有點難又不會太難」，即在幼兒的近側發展區內，以激發其創造潛能，例如：孩子必須運用擴散思考或可能性思考去完成活動或解決問題。美國幼兒教育協會之適性發展教學實務（Copple & Bredekamp, 2009）指出，當孩子被挑戰超越現有能力並有許多機會練習剛獲得之技能時，發展與學習是大為躍進的；Lucas（2001）亦指出，創意學習四要件之一即為挑戰性；Duffy（1998）也指出，教師要確保能提供孩子挑戰性的教材、設施、想法與經驗，以刺激其探索之心，但也不能有太多新意，否則孩子無法連結新經驗於現有架構中，以致產生焦慮。具體言之，在靜態的教學材料與教具上要儘量有趣、多元與具開放性，容許創意運用或可激發創意想法；在動態的教學活動上也要富有趣味與挑戰性，以激發幼兒內在學習動機等創造人格特質以及變通等創造思考能

力，讓幼兒專注投入於創意表達。

　　進一步言之，創造性教學活動初始旨在能激發孩子的擴散思考能力：變通力、獨創力、流暢力，或者是「可能性思考」。根據 Craft（2000: 8），可能性思考是：「創造力的引擎與主要核心元素，它涉及以想像方式思考如何解決問題，因好奇而提問以及遊戲。」也就是如第一章所述，個體為應付生活中的挑戰，有意圖地思考可能可以怎麼做？或可能會如何？並採取積極行動（Craft, 2001, 2002, 2007）。然而 Craft（2000）也指出並非所有的遊戲皆可激發創意，只有涉及驗證與可能性思考的遊戲，才可激發創意。因此，筆者以為以想像為主的角落扮演遊戲、以假想情境激發的團體遊戲或戲劇遊戲，以及操弄物體或環境的探索或解決問題活動等皆屬激發創意的活動，因這些活動內容或過程都涉及可能性思考或擴散思考，例如：幼兒必須思考可以怎麼做？可以怎麼表現？可以怎麼解決？結果可能會怎麼樣？可能的原因是什麼？還有什麼可能性？

（三）教學方法：探究、遊戲與表徵 vs. 多元鷹架

　　涉及探索（含解決問題、驗證）或可能性思考的遊戲可激發創意，再承第三章所論述，孩子的創造力表現特徵為：以好奇為動力的探索與實驗、以想像為內涵的遊戲，以及以彈性為特色的獨特、多元與自由表達；因此，幼兒在創造性教學活動中要有探究、遊戲與表徵機會。筆者極為贊同 Beetlestone（1998）所指，創造力不僅是一種學習方式，而且也是一種「表徵」，創造力要不斷地表徵與發展；各種類型的表徵經驗如口語表達、扮演、美勞創作、肢體動作等，在認知發展上是中心角色，兒童必須有接近各種表徵與製造自我的表徵的機會（Duffy, 1998）。簡言之，表徵即是表達探究或遊戲的所得或理解，代表幼兒現階段的思考或想法。而在幼兒不斷探索、遊戲暨表徵時，教

師則要從中搭構多元鷹架、引導支持，先讓幼兒產生各種可能思考與諸多創意，繼而讓幼兒發現不足與可精進之處，充分體驗擴散思考與批判思考的完整創造歷程，促其逐漸邁向成長之路。

　　創造性教學中，教師的角色是搭建多元鷹架者，而在所有鷹架中，筆者以為語文鷹架最為重要，含口說語文與書面語文鷹架。教師要不斷透過提問、提示、故事情境、討論、讚賞、鼓勵等口說語文方式，以及運用塗鴉、日誌、繪圖、觀察、記錄、製作圖表、製作小書等書面語文方式，激勵幼兒創造思考，因為語文是強有力的「心智工具」，透過書面與口說語文可澄清思緒，幫助人們思考（Bodrova & Leong, 1996）。又教師尚須提供外出觀賞機會與相關情境的激發，以及以肢體或口語適度表意或指示，給予活動框架或方向，可以說鷹架對於經驗有限、能力正在萌發的幼兒是利多且為必要的支持。此外還須搭配回溯（回憶以往經驗與事件）鷹架，讓教學引導更為完整，當然也需提供充裕不分割的時間、合宜可欣賞的多元創作空間、民主與成長的心理氛圍、豐富多元且開放的材料、同儕互動與觀摩等鷹架。以上這些鷹架已於第五章敘述，都是在促進幼兒探索、遊戲、表徵與思考，有利創造力的發展。

（四）教學評量：真實評量、同儕檢視等多元方式

　　創造性教學活動的評量方式應是歷程性評量或真實評量取向，誠如Duffy（1998: 140）所言：「對於幼兒的創造力，重點應比較著重於過程。」Isenberg 與 Jalongo（1993）則指出，對於孩子創意表現的評量有三種基本方式：觀察、互動、過程／成果分析；教師在教學互動中要密切觀察，運用檔案評量方式（如各種觀察記錄、照片、文件蒐集、分析等），蒐集與記錄幼兒的創意表現，它是組合不同觀察方式的評量。甚至可以運用具有詮釋、歷程、共構、溝通與探究五項特性的文

檔紀錄（documentation）方式，分析與呈現幼兒前後的創意表現與進展（周淑惠，2009）。此外，也可運用同儕間的分享與檢視方式，搭構同儕鷹架以促動幼兒創造力發展，同時並達評量目的。

　　茲以下節中所示活動二「怪蟲奇奇」說明以上幼兒創造性教學活動的特徵，因本書重點著重於如何設計與實施創造性教學活動，故僅就前三項特徵論述之。「怪蟲奇奇」是探索與運用身體各部位並合作扮演六腳昆蟲的活動。首先就教學內容言，除活動本身具探索性與遊戲性是創意、有趣設計外，重要的是在活動過程中幼兒必須挑戰自己並運用創造能力如變通力、流暢力與獨特力，以表達遊戲、探索的結果。在扮演昆蟲過程中，幼兒忙著探索自我身體部位並須不斷變化（包括身體部位、合作組合方式與合作之人數），以表現各式各樣六腳昆蟲（流暢力）；除原有手與腳理當為昆蟲之腳外，其他部位：頭、屁股、膝蓋、手肘，甚至手指頭，都可彈性當作一隻腳（變通力）；而且鼓勵每隻六腳昆蟲的造型、結構與他隻昆蟲儘量不同（獨特力），可以說在探索、遊戲與挑戰中，幼兒充分運用創造能力。

　　又除了運用創造能力外，在活動過程中，幼兒也不斷地運用想像力（如一開始教師的怪蟲情境故事與過程中教師語文鷹架的提示），試圖挑戰與突破，持續且堅持地以合作方式爭相表達，充分顯現創造的情意特質。筆者曾在幼兒園實際進行此一活動，猶記得幼兒依著教師的架構方向兩人合作扮演六腳昆蟲〔如一人三隻腳，另一人也三隻腳（３＋３）；一人兩隻腳，另一人四隻腳（２＋４）〕，每組幼兒均熱切探索、嘗試不同造型與可能性，一旦做到六腳昆蟲造型後，就大聲叫著：「老師，看我！看我！看這邊！」呼叫聲此起彼落，各組爭奇鬥豔於展示造型後又繼續嘗試其他不同造型與可能性，而且意猶未盡，還於活動結束時大嘆時間結束太快（0812 創觀：怪 1）註1，其後並且時常

註1　「0812 創觀：怪 1」意指 2008 年 12 月創造性教學協同行動研究「怪蟲奇奇」活動之第一次觀察手札。

詢問老師何時還會進行類似的活動（0812 創誌 5）註2。以上教學實錄充分說明此一教學活動的內容是有趣、具挑戰性，能激發可能性思考，足以引發幼兒參與活動的動機與創造潛能，同時也達到創造性教學活動之情意目標。

就教學方法言，當幼兒在遊戲與探究身體部位以及合作表現各種可能性組合時，教師必須在旁搭構鷹架，例如：教師首先出示各種昆蟲圖片，與幼兒討論昆蟲身體部位並敘說一個千奇百怪昆蟲的故事，為幼兒的探索與遊戲鋪設「情境激發鷹架」；其次，教師以提問「語文鷹架」方式，促動幼兒思考兩人合扮六腳昆蟲的各種可能組合，並適時提供合宜的肢體「示範鷹架」，它同時也是「架構鷹架」，讓幼兒有方向可循並激發進一步變化。而在幼兒以肢體實際合作扮演時，教師則必須在旁激勵幼兒想像與扮演如「想想看這隻怪蟲有多麼奇怪？」，並且大力誇讚具有獨特性的組別，以及不斷提問還有什麼不同的表現方式或可能性，這也是「語文鷹架」，例如：「我看這組很特別喲！他們把後腳翹起來用兩個膝蓋當腳！」、「除了手、腳、膝蓋外，還有什麼身體部位也可以當作奇奇的腳呢？」、「哇！那組也很不一樣呦！他們兩人的腳都各只用到一隻。」（0812 創觀：怪 1）註3。最後教師以電腦投影活動過程中所拍攝之影音檔，統整合作扮演六隻腳（含兩人、三人、四人合作）的各種可能組合，這對幼兒而言無異是「回溯鷹架」，不僅發揮統整作用，而且激發幼兒日後的創意表現，對教師而言也是評量幼兒的機會。

其實本章第二節各個活動示例都是在一個民主暨成長的氛圍中進行的，教師鼓勵與接納幼兒的各種創意表現（氛圍鷹架）。通常在活動進行前教師會提供合宜的情境刺激，以引起幼兒創作動機（情境激發

註2　「0812 創誌 5」意指 2008 年 12 月創造性教學協同行動研究之第五次省思日誌。
註3　「0812 創觀：怪 1」意指 2008 年 12 月創造性教學協同行動研究「怪蟲奇奇」活動之第一次觀察手札。

鷹架）；最重要的是在活動過程中教師的提問與鼓勵（語文鷹架），並適時提供相關示範或類同實例（示範鷹架、架構鷹架），以拋磚引玉引發幼兒的各種可能表徵；而且也注重同儕間的相互觀摩與刺激，常由團體操作後移至小組實作並分享（同儕鷹架）；最後通常會透過幼兒表徵的影音檔統整幼兒所學，並為後續的創意表現鋪路（回溯鷹架、同儕鷹架）。當然在各種活動中教師必須提供豐富多元的創作材料、合宜的創作空間與充裕的創作時間；而相對地，幼兒則在活動歷程中不斷地探究、遊戲與表徵，充分彰顯幼兒創造性教學的特徵。

　　至於「怪蟲奇奇」的活動目標在原本認知、情意、技能目標外，並納入創造力培育相關目標（楷體部分），如下所示。因有關評選、修正想法的批判思考能力，必須在幼兒經歷充分多元的創造性活動經驗後，當豐沛的創造力瀰漫整個教室時，才能有利運作，否則易於澆滅剛萌發的創造力幼苗，故不在以下個別活動中刻意強調。

　　認知目標：了解昆蟲有六隻腳
　　　　　　　知道數（6）的合成與分解
　　　　　　　能運用變通力、流暢力與表現獨特力
　　情意目標：願意接受挑戰、堅持完成工作
　　　　　　　願意合作完成工作
　　技能目標：能運用身體部位與大小肌肉創作

　　再以活動九「詩詞。朗上口」為例，說明幼兒創造性教學活動是有趣、挑戰的，不僅激發幼兒參與活動的動機，而且足以激發幼兒的各種創造能力：變通力、獨創力與流暢力，或可能性思考，達到創造性教學活動目標。在活動過程中，幼兒必須用自創的肢體動作表達個人對詩詞意涵的理解（獨特力）；而且將所吟唸的詩詞設法套入其他的

旋律（如〈遊子吟〉套入〈三輪車〉兒歌旋律中）或不同的節奏中（變通力）；當然如果能套入愈多的節奏與曲調中愈好（流暢力）。可以說在不斷的探索、遊戲與挑戰中，幼兒不僅表現創意的動作、旋律與節奏，而且也彈性改編原有詩詞詞句，充分發揮創造潛能。

　　綜言之，創造性教學不僅教師要發揮創造力設計活動，而且幼兒在教師所設計的活動中也要能發揮創造力，以上兩個活動實例不僅師生均需運用創造力，學習對幼兒而言是有趣、挑戰的，而且也具探究、遊戲暨表徵特性，充分呼應幼兒創造性教學活動的特徵。

　　值得一提的是，坊間活動設計參考書籍中有許多活動本身是非常富有創意的，但是可惜的是在活動歷程中，幼兒並無機會運用創造力，充其量只是流於有趣與花俏。本書活動設計實例非常重視在教師鷹架下的活動過程中，幼兒能有機會運用創造力，包含變通力、獨創力與流暢力，或是可能性思考。表 6-1 呈現本章第二節各創造性教學活動實例之幼兒創造能力運用分析。

二、幼兒創造性教學之活動設計實務

　　教師在實地設計創造性教學活動時，除著重對幼兒而言是有趣、挑戰、能運用創造力外，尚需考量以下幾項具體原則。

（一）擴及任何領域活動

　　任何領域的活動皆可創意設計，並讓幼兒從中運用創造力。一般而言，藝術領域是最容易表現創造力的，以「布料設計師」美勞創作活動為例（如圖 6-0a-1、6-0a-2、6-0a-3、6-0a-4 所示），刷子、海綿、松果、紙筒、滴管、吸管、球、線軸等，都可當作作畫的工具，再加上各種技巧的搭配如刷、吹、噴、滾、刮、滴流、印等，可以變化出無

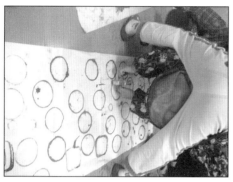
圖 6-0a-1　「布料設計師」美勞創作
　　　　　　活動

圖 6-0a-2　「布料設計師」美勞創作
　　　　　　活動

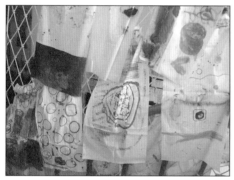
圖 6-0a-3　「布料設計師」美勞創作
　　　　　　成果

圖 6-0a-4　「布料設計師」美勞創作
　　　　　　成果

限可能。所以教師要提供幼兒各種創作的材料鷹架，並搭配其他各類鷹架，尤其是激發思考與激勵作用的語文鷹架，不僅可引發幼兒的探索，而且能強化其表徵的信心。

　　再以「轉動的身體機器」肢體創意遊戲為例，身體有許多部位可以旋轉、扭轉、翻轉，可請幼兒單獨或合作探索與運用身體各部位，做出獨特的旋轉或轉動中的機器造型，像是一般的洗衣機、螺旋槳、電風扇等，或是幼兒自創機器如巧達轟天雷、神奇寶貝螺旋機、米格魯剪草機等（如圖 6-0b-1 所示）。又「新奇車子滿街跑」肢體創意遊戲是

表 6-1 創造性教學活動幼兒創造能力運用分析

	活動名稱	變通力	獨創力	流暢力
1	誰最特別？	在空間中兩隻間的移位方式不一定只能用腳，也不一定只能用走的；且在空間中的方位、高度與形狀等變化以及速度、力量都可不同，必須彈性變化以移動身體。	必須跟別人以及自己下一輪的移位方式不同，聲音也要變化。	必須不斷地運用身體不同部位動作、聲音，以及變換空間要素、速度、強度等，通過森林。
2	怪蟲奇奇	身體非腳的部位必須變通作腳用。	每一隻六腳怪蟲必須跟別隻怪蟲之造型不同；最後觀賞時，也要凸顯每隻怪蟲的特色，與別隻怪蟲名稱不同。	必須運用身體部位持續地合作扮演（不同組合方式與人數）各不相同的六腳昆蟲。
3	百變種子屋	必須視種子發芽的外觀型態，將其變通成玩偶或身體，並整體變通設計成一個玩偶。	必須將種子變通為種子玩偶時要跟每位所玩偶命名並裝扮得與眾不同，以及為玩偶命名凸顯其特色，也要與其他玩偶不同。	
4	廢物大變身	必須視廢物的外型型特徵配合科學原理，將其變通為好玩的玩具，如將硬紙板稍加彎摺捲成寶箱狀或以橡皮筋加於底部，製成「快閃烏龜」；將保特瓶加果凍旋轉，製成「竹筏或橡皮筋船體」，製成「疾馳海盜船」等。	儘量製作與他人不同的玩具，命名時要凸顯該玩具的特色，並與他人不同。	每一種廢材均有多樣用途，必須儘量思考某一素材的各種可能用途。
5	繽紛水果 Pizza	必須將各色水果與果乾製作成創作素材；在餅皮上運用這些水果創作造型；在 Pizza 與果醬的創意命名，則要在詞意上與果物間轉換變通，還要又能顯現創意。	必須運用各色水果與果乾製作出在造型上具有個人特色的 Pizza，且 Pizza 命名與果醬的命名也要配合特色，與人不同。	必須不斷思考水果食譜大全中的菜色與創意命名。
6	綁綁變新衣	只能用「綁」的方式取代縫，為要能綁製成可「穿戴」的衣服，必須彈性巧變，如一塊布的兩角對綁成短褲，將布芽洞輔以綁螺旋製成背心裙褲，兩塊布料又相綁成比基尼泳衣等。	所綁製的新衣要儘量顯出特色，與他人不同。	必須思考與綁製各種可能造型的新衣。

表 6-1　創造性教學活動幼兒創造能力運用分析（續）

活動名稱	變通力	獨創力	流暢力
7 巧拼變畫	必須理性變通基本圖形為身體各位或衣著，如倒三角形可以是大眼睛或超人的三角內褲，菱形可以是大臉等。四個大小不一的三角形可以是一隻下跪拜的人。且在增補繪圖時須運用變通延伸力，巧變其他事物之效。	拼組與增補繪圖同時要儘量與他人不同，在各命名時也要儘量表現特色與他人有別，如神氣逼風使、大傻超人、跪拜的大嬸等。其後連串與敘述故事也要與人不同。	必須拼湊並延伸畫出各種可能的有意義圖形，並進一步將多樣圖形組製成繪本。
8 老話新說	必須將數個熟悉的故事內容為切割、改編、混合拼湊，如場景、情節、人物均須錯置、呈現彈性變化的能力。且即使同樣的數張圖卡，也可變通為不同版本。	所拼湊的新故事要與他組不同（即使是使用同樣的數張圖卡）。	同樣的數張圖片儘可能思考與編串成各種不同版本的故事，愈多愈好。
9 詩詞朗上口	必須將詩詞（或舊規口詩）套入其他的旋律中（如〈遊子吟〉套入〈三輪車〉兒歌旋律）或不同的節奏中，進或改編詩詞內容的變通方式加以吟唱。	必須自創獨特的肢體動作以表達個人理解，以及將詩詞套入特定的兒歌旋律節奏中。改編詩詞內容也是一樣，必須獨創。	必須不斷思考自創的肢體動作，將詩詞套入其他旋律與節奏中，以及改編詩詞內容之多種可能變化。每一類別都有多種可能。
10 兒歌不同唱	必須將熟悉的兒歌歌詞改編、呈現彈性變化的能力，如大象可以替換成河馬、青蛙等，其特徵、叫聲、動作也要跟著變化；而且數學與空間概念也須融於歌詞中，充分展現變通力。	在大象兒歌唱作時，每位幼必須自創獨特的肢體動作。在分組編入算數、空間方位於歌詞時，也必須表現獨特性。	必須不斷思考各種改編的變化與可能性，包括動作與整首歌詞。
11 雲想想看	簡單雲朵的創作始於想像，繼而用肢體各不同部位表達雲的感覺。必須運用彈性地變化身體各位與各類搭配物，彈性地表達；最後以搭接語詞方式表達，也須變通自己的思考。	詩詞的替換或創作，以及肢體與其搭配物的選擇與表達，皆在講求獨特不同的方式表徵（個人感覺）。	必須不斷地思考各種表徵雲的感覺的方式與可能性，包括動作、搭配物的選擇以及詩詞替換、創作。

由四人合作扮演新奇的車子，只要可以移動行駛，任何新奇的車子造型與移動方式皆可接受，甚至可加上運貨（如以衛生紙運送乒乓球）的要求（如圖 6-0c-1、6-0c-2、6-0c-3 所示），增加難度與挑戰度，促動創意肢體表現。

　　一般教師都很害怕科學，其實科學方面的創意活動非常多，只要教

圖 6-0b-1　「轉動的身體機器」肢體活動

圖 6-0c-1　「新奇車子滿街跑」肢體活動（澳門大學幼教班上課活動）

圖 6-0c-2　「新奇車子滿街跑」肢體活動（澳門大學幼教班上課活動）

圖 6-0c-3　「新奇車子滿街跑」肢體活動（澳門大學幼教班上課活動）

師願意巧思，幼兒就可於活動歷程中運用創造能力，例如：「閃亮影偶戲」活動，教師在幼兒探索光與影時可以提問：「同樣的一個紙偶如何做出巨人與侏儒效果？」、「如何做出滿天明亮的星星？」、「如何做出有亮晶晶五官的人物？」、「如何做出有遠近效果且動感的波浪？」等問題，為各組幼兒創意演出影偶戲搭構鷹架。再如「日光下的藝術家」活動，幼兒在陽光下的地面或牆面一面以拖把、掃把、雞毛毯子、海綿等塗鴉與構圖（如圖 6-0d-1、6-0d-2 所示），一面探究蒸發概念，教師也可運用問題為幼兒的創作搭構鷹架，如：「為何有些畫不見了？」、「畫在哪裡比較容易持久？」、「如何能讓你畫的人流眼淚後又變笑臉呢？」。又如「乒乓球走迷宮」活動，教師可以提問：「如何能讓乒乓球由迷宮一端移動到另一端，卻不用手碰球呢？」以上活動都具有探索、遊戲與表徵特性，既有趣又挑戰。下節活動示例中的「百變種子偶」、「廢物大變身」等均與科學領域活動有關。

圖 6-0d-1　「日光下的藝術家」活動　圖 6-0d-2　「日光下的藝術家」活動

　　此外，語文與音樂活動亦可創意設計，其實語文活動與說說唱唱的音樂活動是分不開的，有節奏的朗唸其實就是流行歌曲中的 RAP，有節奏的朗唸再加上旋律就是歌曲，例如：古代詩詞歌賦既可朗唸、又可吟唱。下節活動示例中的「老話新說」、「詩詞。朗上口」就是語文

領域的創造性活動。其實示例中很多表徵活動都涉及語文部分，例如：以創作簡單詩詞與以肢體表達的「雲想想看」活動，以果物創作並為創作命名的「繽紛水果 Pizza」活動，以基本圖形拼組構圖並為其命名的「巧拼變畫」活動等皆是。綜言之，創造性教學活動可在各領域實施，不限於藝能領域。

（二）考量統整特性的設計

又本章這些活動示例充分顯示綜合與統整特性，例如：以音樂為主的「兒歌・不同唱」活動為例，它涉及改編歌詞（語文）與改編動作（律動），歌詞中又編入空間與數量概念（數學）；再以種植為主的「百變種子偶」科學活動為例，它不僅涉及科學活動，也涉及偶的裝飾（美勞）與偶的創意命名（語文）。因此，在每個活動示例左上角的「涉及領域」均含多個領域，而「適用主題」則顯示幼兒創造性活動是透過主題課程而呈現的，這些活動都可以作為相關主題的參考活動，教師可以配合主題內容加以適度改編成主題情趣。正因為活動的統整特性，活動是透過主題課程而呈現的，它充分顯示幼兒教育全人發展目標，幼兒創造性教學是以全人發展為考量的。

（三）含括例行作息活動

其實不僅正式的教學活動可以創意設計與進行，每日例行活動也可創新變化，例如：晨間點名時，可以運用歌曲對唱方式，如老師唱：「黎安在哪裡？黎安在哪裡？」，幼兒在回應「在這裡！在這裡！」時，則必須同時做出與眾不同的動作以引起老師與全班注意他已到來；而歌詞後面的「你今天好嗎？」可以替換成「你吃了什麼？」、「你想做什麼？」、「你想說什麼？」等，然後幼兒必須創意唱答。前面提及可能性思考是幼兒教育重要目標與小 c 創造力的核心及創造力的

引擎，因此在幼兒園日常作息中，無論是點心、午餐、戶外遊戲活動或午睡時段，當遭遇問題時，均可讓幼兒思考可以怎麼解決與有什麼可能性，並以行動表現因應之；亦即不僅在正式課程與教學中，而且在日常生活作息中，也要讓幼兒經歷可能性思考，以養成創造思考的習慣。又轉換活動時也可創意運用手指謠，讓幼兒改編詞句與動作（在第一次進行時，可以以正式活動方式介紹創意改編的精神，以引發後續各種手指謠的改編）。本節最後摘錄一些幼教老師熟悉的手指謠。

（四）滲入角落扮演活動

最後強調的是，能促進擴散思考或可能性思考的活動尚包括以想像為主的角落扮演遊戲，教師應提供空間鷹架、材料鷹架與時間鷹架，讓幼兒於角落中自由扮演，鼓勵創意表徵。因角落扮演內容不是教師可以預先設計的，故此處並未特別討論，但是並不表示它不重要；相反地，它應配合主題的內涵大大彰顯之，例如：由少數幼兒的隨意扮演到擴及多人甚或全班的開商店角落遊戲，已在上章創造性主題課程中提及。而且教師必須搭構鷹架，引導幼兒玩出擁有多元角色、具複雜交織主題、能運用語文心智工具與創造力等特徵的高品質遊戲（Bodrova & Leong, 1996）。

活動：手指謠隨意變

涉及領域： 語文、律動等

主要活動思維

讓幼兒發揮彈性變通創造能力，改編手指謠的內容與動作。

引起動機

用簡單的手指謠如「大姆哥、二姆弟……」引起幼兒注意。

主要活動流程

1. 教師出示畫有註解意義插圖的手指謠海報如「五隻猴子盪鞦韆，嘲笑鱷魚被水淹，鱷魚來了！鱷魚來了！盎！盎！盎！」，與幼兒一起討論如何表示動作，然後配合動作一起朗唸。

2. 請幼兒思考如何改編手指謠的內容並以肢體動作表現，原手指謠的動物、動物特徵以及其表意動作與聲音都可改變。在幼兒提出想法後，全班一起配合動作唸出新編的手指謠。教師要鼓勵幼兒思考還有其他可能的改編方式嗎？例如：「五隻老鼠跳鼠圈，嘲笑熊貓黑眼圈，熊貓來了！熊貓來了！嗍！嗍！嗍！」、「五隻青蛙呱呱呱，嘲笑蝌蚪不是蛙，蝌蚪來了！蝌蚪來了！咻！咻！咻！」、「五隻蜥蜴笑哈哈，嘲笑河馬大嘴巴，河馬來了！河馬來了！吼！吼！吼！」。

3. 教師統整各種可能的變化組合。

備註

※手指謠朗朗上口，不僅手指運動對小肌肉發展有所幫助，這個活動也等於是替換語詞的活動，可以培養孩子的彈性變通能力。

※而且有些手指謠涉及倒數一，如以下「老母雞」由五隻、四隻，到
　最後剩下沒半隻；有些手指謠還涉及倒數二，如以下「十根油條」
　由十根、八根、六根，到最後剩下沒半根。

※手指謠也是課室管理的利器，可讓一群喧鬧中的幼兒，藉著吟唱手
　指謠而放下手中工作與停止喧嘩，一起以手指比劃唱作。以下一些
　幼兒園常用的手指謠，你可以試著自己改編嗎？

園裡的番茄

園裡的 番茄 。 紅又紅
躺著　睡覺。不說話
來了　一隻。 大野狼
對著　 番茄 。咬下去
農夫　看了。很生氣
快把　 野狼 。趕出去

改編：園裡的 西瓜 。 大又大
　　　躺著　睡覺。不說話
　　　來了　一隻。 小狐狸
　　　對著　 西瓜 。 啃 下去
　　　農夫　看了。很生氣
　　　快把　 狐狸 。趕出去

除□裡的文字外，還有其他改編方式嗎？〔提示：場景（園裡）、人物
（農夫）、動作（躺著、趕）、情緒（生氣）等都可以改編〕

老母雞

五隻 老母雞 。 關在籠子 裡
跑 掉了一隻。剩四隻
咯咯咕啊 ！咯咯咕啊！ 真高興 ！
咯咯咕啊！咯咯咕啊！趕快 跑 ！

改編：五隻 大青蛙 。 跳進池塘 裡
游 走了一隻。剩四隻
咕哇呱呱 ！咕哇呱呱！ 真逍遙 ！
咕哇呱呱！咕哇呱呱！ 趕快 遛 ！

還有其他的改編方式嗎？

十根油條

十 根 油條 。 放 在 油鍋 裡
蹦 了一 根 。 跳 了一 根
剩八根 ！

八根油條。放在油鍋裡
蹦了一根。跳了一根
剩六根 ！

六根油條。放在油鍋裡
蹦了一根。跳了一根
剩四根！

四根油條。放在油鍋裡
蹦了一根。跳了一根
剩兩根！

兩根油條。放在油鍋裡
蹦了一根。跳了一根
剩下沒半根！

你可以試著改編嗎？（提示：油條、放、油鍋、蹦、跳、根、剩幾根
等，都可以替換）

第二節　幼兒創造性教學之活動示例

　　本節提供數個活動實例，這些活動乃依據筆者於第三章所揭示之「幼兒創造性教學模式」，以及上節幼兒創造性教學活動的特徵與設計原則而設計的，而且部分活動曾在筆者輔導的親仁實驗幼兒園試行、修正過。基本上，這些活動均可讓幼兒充分發揮變通、獨創或流暢等創造能力，或可能性思考，建議在閱讀個別活動時，可以對照表6-1。

　　在此特別一提的是，教學必須是靈活變化的，本節的每一個活動均可往不同方向加以彈性變化與延伸，讀者可針對不同年齡層幼兒與教學情境（如主題），將本節參考活動加以適度改編。而且有趣、具有挑戰性、能運用創造力或可能性思考的創造性活動很多，教師最好能自行運用創造力，將教學加以活化。又本節活動實例主要目的之一是在呈現筆者設計這些活動實例的立意與考量，因此在活動目標部分改以「主要活動思維」敘寫，以筆者立場說明該活動設計的想法。在實際設計活動時，請讀者自行轉換為活動目標。

活動一：誰最特別？

適用主題：我的身體、動、我……等

涉及領域：體能、律動等

主要活動思維

透過想像情境，讓幼兒發揮創造力獨特地探索與表現各種可能的「移位律動」方式。

引起動機

教師預告幼兒要到體能活動室玩小王子選玩伴的「誰最特別？」遊戲，請大家安靜排隊、依序前往。

主要活動流程

1. 教師引導幼兒至已經布置好森林情境（如以桌底為山洞、原木地板為草原、大呼拉圈為水塘，以及黏貼紅色長條壁報紙代表最後的紅地毯）的體能活動室（架設「情境激發鷹架」），向幼兒述說國王為小王子選玩伴的故事，只要誰最有創意：以最特別的方式通過森林，就可以被選為小王子的玩伴。

2. 教師說完故事後，請幼兒想像自己是來參加選拔的人，以最特別的方式一一通過山洞、草原、水塘，最後走在紅地毯上顯示自己的特別，以獲得國王的青睞。

3. 過程中，教師要不斷鼓勵幼兒運用創造力思考與探索通過森林的各種不同肢體表現方式（如運用不同的身體部位與動作移動前進：行走、跑步、跑步跳、跳躍、滑步、墊步跑、蠕動、爬行等），並且請幼兒思考除了身體部位與動作種類外，還可以做出哪些變化（如空

間高低、方向、位置、速度、形狀、尺寸、強度等的「動作要素」組合變化）？

4. 教師在過程中也可鼓勵幼兒逐一通過時發出各不相同的叫聲，並告訴幼兒國王還沒選到最特別的人，請幼兒再次通過森林，如此一輪輪引發幼兒持續表現不同創意。教師除誇讚幼兒的獨特表現與彈性變化外，並將其表現拍攝影音檔留存。

5. 以電腦投影呈現以上活動影音檔，提供回溯鷹架以及同儕鷹架，統整通過森林的各種可能移位動作：它涉及不同的身體部位、動作種類與動作要素的創意組合。

延伸變化

※本活動的前置活動可以是促進創造力的「定點律動」活動。教師以情境故事〈風雨中的木頭人〉引起動機，讓幼兒扮演木頭人於定點上的各種可能律動方式。木頭人是釘在地面上不會改變空間位置，但身體各部位、動作（如扭轉、搖晃、擺動、伸展、彎曲等）與空間高低、方向、形狀、尺寸、力量與速度等的「動作要素」還是可以創意組合變化（如圖 6-1a-1、6-1a-2 所示）。

※為強化獨創力，本活動也可改編成完全沒有故事情境的「請你跟我這樣做、我會跟你這樣做」活動，即請幼兒依序出列連續做出三個獨特動作並口唸「請你跟我這樣做」，然後其他幼兒隨即模仿其動作並口唸「我會跟你這樣做」。幼兒的動作可以是移位動作，也可以是定點動作，教師鼓勵出列幼兒的動作變化與他人不同。

※本活動可改編加入「逆向思考」成分，變化為「不要吵醒沉睡老虎」遊戲。首先教師對幼兒敘說故事：「想睡覺的聰明老虎在身旁裝了情境感應器，如果偵測到一段時間太安靜，周遭景物、動作一成

不變時，感應器就會鳴叫，警示可能有動物經過……」。然後教師以玩偶或自己扮演熟睡老虎，請幼兒想像自己是森林裡的動物，排隊一個一個地經過老虎身邊，思考如何才能騙過感應器？（也就是每隻動物經過時，要與前後經過的動物不一樣的動作與叫聲，感應器才不會鳴叫）（如圖 6-1b-1、6-1b-2 所示）。

備註

※本活動請於鋪有軟墊之活動室或體能教室進行，並特別注意安全。

※本活動是藉故事將幼兒帶入想像情境之中，想像是創造的驅動力，教師儘量以豐富的肢體語言營造故事情境。而且這也是第四章第三節巧變創意之「擬人類推」技法的運用，類推到參賽情景，讓幼兒想像自己是參賽者，必須特別表現才能勝選為小王子的玩伴。而山洞與草原情境就是一種鷹架，提醒幼兒做出不同的肢體動作與高低變化，紅地毯則具有定格、凸顯動作的功能，甚至可加入河流、狹長窄小的隧道等不同情境，引發更多元的動作表徵可能性。

※從一點到另一點的移位方式是無限的，涉及身體不同部位（腹部、手、腳、臀部、膝蓋等）、動作種類（跑、跳、走、推、拉、扭、轉等），以及各種動作要素（動作的快慢、速度、強度、空間上的變化、身體在空間中的關係）的探索與協調運用：教師要搭建鷹架激發幼兒對身體部位、動作種類與各動作要素間的創意組合與運用。

圖 6-1a-1　風雨中的木頭人

圖 6-1a-2　風雨中的木頭人

圖 6-1b-1　不要吵醒沉睡老虎

圖 6-1b-2　不要吵醒沉睡老虎

活動二：怪蟲奇奇

適用主題：蟲蟲世界、昆蟲奇觀……等
涉及領域：數學、自然、體能、語文等

主要活動思維

透過想像力與幼兒間合作，發揮變通力扮演各種可能的六隻腳昆蟲，將「合成與分解」數學概念遊戲化，並強化昆蟲概念。

引起動機

吟唱螞蟻、蝴蝶等昆蟲兒歌或手指謠。

主要活動流程

1. 教師呈現各種昆蟲圖片，與幼兒討論其身體部位與結構，如頭、胸、腹、六隻腳與一對觸角，並說一個千奇百怪昆蟲的情境故事，引領幼兒進入奇特昆蟲的情境。

2. 再與幼兒討論，請其思考：「如果兩位幼兒合作扮演六隻腳昆蟲，可能會有哪幾種組合？」〔如一人扮三隻腳，另一人也扮三隻腳（3＋3）；也可一人扮四隻腳，另一人扮兩隻腳（4＋2）；此外還有一人扮五隻腳，另一人扮一隻腳（5＋1）等〕。教師將討論結果以算式 $4＋2＝6$、$3＋3＝6$、$5＋1＝6$ 寫在黑板上，並在算式旁畫上似腳的圖解符號表徵之。

3. 接著請幼兒發揮想像力，兩人合作依序（以上討論結果）以肢體扮演一隻昆蟲，如先是 $4＋2＝6$，再而 $3＋3＝6$ 等；每一算式組合（如 $4＋2＝6$）都有多種不同的合作表現方式，如面向、背向、同向跨騎，面向、背向、同向蹲站，面向、背向、同向共蹲等，需要

一段時間思考與探索。

4. 在過程中，教師要不斷提問鼓勵，以激發幼兒變通思考與呈現不同的表現方式，必要時得提供示範鷹架與架構鷹架，引發幼兒創意表現，例如：扮演兩隻腳的幼兒可以是兩腳著地、兩膝著地（腳踝離地），也可以是一隻腳一隻手著地、頭與一腳著地、屁股與手著地，甚至是兩隻手著地而腳搭在另一幼兒身上等；而兩人空間方位上也可做出變化，如面對、背對與同方向，甚或堆疊、跨坐等；當然也可鼓勵幼兒做出各種不同的「移動方式」，如跳、走、爬等。在進行過程中，除誇讚幼兒獨特表現與彈性變化外，並將幼兒表現拍攝影音檔或照片留存（如圖 6-2a-1、6-2a-2、6-2a-3 所示）。

圖 6-2a-1　怪蟲奇奇（3 + 3 = 6）　圖 6-2a-2　怪蟲奇奇（4 + 2 = 6）

圖 6-2a-3　怪蟲奇奇（5 + 1 = 6）

5. 以電腦投影呈現以上活動影音檔，統整合作扮演六隻腳昆蟲的各種可能組合，並與白板上的算式連結；最後鼓勵幼兒為每一隻奇特的昆蟲按其特徵命名，如搖擺蟲、抱抱蟲、親親小蟲、拖拉蟲、堆疊蟲、好大蟲等。

延伸變化

※將活動延伸至三人合作扮演六腳昆蟲（如 2 ＋ 2 ＋ 2 ＝ 6、1 ＋ 2 ＋ 3 ＝ 6、1 ＋ 1 ＋ 4 ＝ 6 等）（如圖 6-2b-1、6-2b-2、6-2b-3、6-2b-4 所示），或者是四個人扮演六腳昆蟲（如 2 ＋ 2 ＋ 1 ＋ 1 ＝ 6、1 ＋ 1 ＋ 1 ＋ 3 ＝ 6 等）（如圖 6-2c-1 所示）。請幼兒思考各種可能組合再行合作扮演。

※教師在過程中可視幼兒狀況提醒幼兒做出一對觸角，以增加難度。

備註

※本活動請於鋪有軟墊之活動室或體能教室進行，並特別注意安全。

※本活動必須將幼兒帶入千奇百樣昆蟲的想像情境之中，想像是創造的驅動力，教師儘量以豐富的肢體語言營造故事情境。

※在幼兒合作扮演昆蟲中，自然會數算你幾隻腳、我幾隻腳，確定總和是六隻腳，有助於數的合成與分解概念之理解；不過教師最後須將數學算式與肢體呈現加以統整，以促進具體實物與抽象符號間的連結。

※三人、四人合作之間的協調要比兩人合作扮演稍加困難，教師要多加鼓勵。

圖 6-2b-1　怪蟲奇奇
　　　　　（3 ＋ 2 ＋ 1 ＝ 6）

圖 6-2b-2　怪蟲奇奇
　　　　　（1 ＋ 2 ＋ 3 ＝ 6）

圖 6-2b-3　怪蟲奇奇
　　　　　（2 ＋ 2 ＋ 2 ＝ 6）

圖 6-2b-4　怪蟲奇奇
　　　　　（2 ＋ 2 ＋ 2 ＝ 6）

圖 6-2c-1　怪蟲奇奇
　　　　　（1 ＋ 1 ＋ 2 ＋ 2 ＝ 6）

活動三：百變種子偶

適用主題：小種子大奧祕、我愛植物……等
涉及領域：科學、藝術、語文等

主要活動思維

將種子種植與美勞創作活動結合，讓幼兒發揮創造力，製作有個人特色的植物玩偶，並體驗植物的生長條件。

引起動機

展示各種偶具如紙袋偶、襪偶、隱身杯偶等，並為這些玩偶現場發聲配音，引起幼兒注意。

主要活動流程

1. 教師在引起幼兒興致後，告訴幼兒今天要製作一個很特別的玩偶，隨即出示一事先製作的「百變種子偶」，詢問幼兒這個玩偶與剛才出現的其他玩偶有何不同？引導幼兒注意發芽的種子成為玩偶的頭髮、鬍子或蓬蓬裙等的變通設計，並出示原種子，與幼兒討論種子的奧妙與生長。

2. 教師發給每位幼兒各類種子如空心菜、苜蓿芽、小白菜、綠豆芽等，以及回收的淺平容器，請幼兒將種子放在沾水的棉花上或加培養土種植，並囑其要有耐心照顧及注意澆水量。

3. 過幾天後，教師請幼兒仔細欣賞發芽的種子，發表其長得像什麼？除了當玩偶的頭髮外，可以當玩偶的什麼部位？請幼兒勇於想像與思考（如平整密實的苜蓿芽可當玩偶的「平頭」，直線向上的發芽狀況可製成怒髮衝冠生氣的娃娃，稀疏幾根的發芽特徵可製成玩偶的

鬍子,外觀蓬鬆的幼芽可當成娃娃的蓬蓬裙)。

4. 教師提供各種材料,請幼兒創意裝飾這些發芽的種子植栽,使成具有形體的有趣玩偶,例如:苜蓿芽的容器四周圍上卡紙,將其當作頭髮與臉部並創意地畫或貼上五官(如鈕釦、大紅豆等),然後架在另一個較高的容器上,並在此容器四周創意地圍上花裙(如皺紋紙、塑膠袋等),當然也可移植在蛋殼上、扭蛋或其他物體上,再加以巧妙裝飾成不倒翁等。教師鼓勵幼兒儘量配合自己種子的發芽狀況,變通設計出獨特不同的玩偶。

5. 完成玩偶作品後,教師請幼兒為玩偶創意命名,如長鬍子小老頭、生氣的小喜、穿花裙的胖胖等,並介紹她(他)身上的特色與妝扮。最後將這些各具特色的玩偶陳列在教室窗台,如圖6-3-1所示。

延伸變化

※利用各具特色的玩偶,請幼兒給予不同角色如胖大妞、小飛俠、小紅褲、老博士等,全班或小組共同編劇並為角色配音,合力演出故事。

※製作好的觀賞玩偶放置一段時間後,其發芽生長狀況可能有所變化,可以因應其變化,再次巧思裝扮成新的不同玩偶,或其他物體。

※當然也可以一開始就給予幼兒較大空間,視種子生長外型狀況,巧製成其他生物或物體,不受限於人偶,如圖6-3-2、6-3-3所示。

備註

※在沾水的棉花上種植的百變種子玩偶,為讓其歷久生長,在容器中必須加上一些土壤。

※此活動既是美勞創作活動，也是科學種植活動，孩子在種植過程
　中，可以學習如何照顧植物生長，理解植物的生長要素。教師要引
　導幼兒注意發芽的外觀形狀，以思考如何利用這些發芽的特徵創意
　設計成具有獨特性的玩偶。

圖 6-3-1　　百變種子偶：甜心小公主

圖 6-3-2　　百變種子偶：有大螯的螃　圖 6-3-3　　百變種子偶：長頸鹿（澳
　　　　　　蟹（澳門大學岑慧婷同學　　　　　　　門大學張德蘭同學製作）
　　　　　　製作）

活動四：廢物大變身

適用主題：環保你我他、超級變變變、樂活……等
涉及領域：美勞、科學、語文等

主要活動思維

將回收物再利用，讓幼兒發揮創造力，製作成好玩的玩具，體驗化腐朽為神奇，並珍惜有用資源。

引起動機

教師呈現利用回收物製成的玩具，例如：以線軸穿過橡皮筋套入以布丁盒加腳的蜘蛛身體內，或是套入硬紙板做的龜殼內，當拉扯線繩又放鬆時，因橡皮筋的反彈就成「急竄蜘蛛」或「快閃烏龜」等（如圖6-4a-1 所示），引發幼兒把玩與製作的動機。再如以上貼黃色塊斑的透明塑膠袋套黏紙杯杯口，在杯身插管吹氣，立即就成伸長脖子的「伸縮長頸鹿」。又如在硬卡紙做的小汽車上套接氣球，當充氣氣球消氣後，小汽車立即飛馳前進。

主要活動流程

1. 教師詢問幼兒這些玩具的共同特徵是什麼？讓幼兒注意都是利用教室回收資源製作的，強調廢物可以大變身。

2. 教師隨手從教室回收資源箱中依次拿出一項項回收物如布丁盒、紙盒、保特瓶、CD 等，請幼兒思考每一項回收物可以用來做什麼？或加工成什麼？即鼓勵幼兒思考除了原本用途外，還可以有其他什麼功用（如布丁盒內裝豆子、小石頭可成沙鈴樂器；盒的一端穿洞以線綁住一鈴鐺製成可拋接、促進手眼協調的「接接樂」玩具）？

3. 請幼兒儘量思考並設計與教師所展示玩具不同的各種可能性玩具，例如：幼兒對快閃烏龜有興趣，即使幼兒只是將烏龜換成小貓等其他動物，教師也須引導幼兒思考如何使其具有獨特造型，以及如何將橡皮筋與線軸「藏於」小貓造型內。

4. 教師亦可引導幼兒思考也是運用同一科學原理製作的其他類型玩具，如上述快閃烏龜是運用橡皮筋扭緊與放鬆效果，類似原理也可製成其他類型玩具如疾駛海盜船（如圖 6-4a-2 所示）等。在教師介紹橡皮筋扭緊、放鬆效果後，請幼兒思考還有什麼玩具也可利用這個效果製作？儘量讓幼兒有思考各種可能性的機會，然後提供各種製作配件如橡皮筋、白膠、膠帶、線繩等，鼓勵幼兒動手嘗試創作。

5. 將幼兒製作的神奇玩具集中展示，並請幼兒為其創作命名與介紹，如快遛飛鼠、咚咚鏘鏘鼓等，藉機統整各種單一回收素材的各種可能性創作。

延伸變化

※除將回收物製成玩具外，還可以製作成日常用品、教具與樂器等，重點是讓幼兒創意思考回收物再利用的各種可能性，例如：融合節奏樂器、絃樂器等多種功能的「超級樂器」，即用鐵盒與橡皮筋又綁上數條繫有小鐵片的線繩，既可當克難吉他彈奏，又可當手搖鈴搖甩，且可當鼓敲打。

※教師可運用第四章第三節巧變創意中的「強迫類推」技法，讓幼兒創意發想將廢物大變身，如有陀螺功能的賽車等。

備註

※本活動之先備活動可以是利用各種回收鐵器與大小磁鐵相互吸附的「廢鐵雕」（如圖6-4b-1、6-4b-2、6-4b-3所示），讓幼兒體驗任何回收物只要稍加延伸變化，就可成為一件有用的物品。

※化腐朽為神奇（玩教具或物品）讓幼兒變成設計師，教師必須激勵幼兒思考各種素材的可能用途，以鷹架引導其完成創作。即使幼兒想製作教師所呈現的展示品，教師也要引導幼兒在外型、特徵上，甚至是功能上，儘量做出不同的變化。

※有些設計涉及科學原理，可配合適當主題搭建鷹架引導之，例如：「神奇的電」主題中，運用電流原理將大型紙盒與 CD 黏合，製成具發亮車燈的風火輪車等；「有趣的光與影」主題中，運用反射原理將高筒狀牛奶紙盒配上兩片上下對置的鏡片，製成可由底部觀望上方的潛望鏡。

※教師在引導上除強調外型創意變化外，涉及科學原理的部分儘量引導幼兒去探索與發現如何作出效果，或同一效果可以運用在其他哪些不同類型的玩具上，而非一個一個步驟地示範。

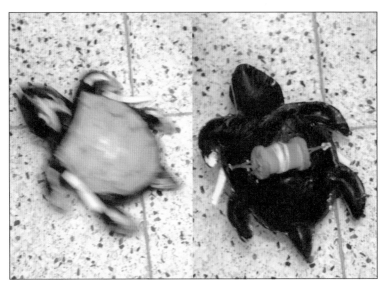

圖 6-4a-1　廢物大變身：快閃烏龜

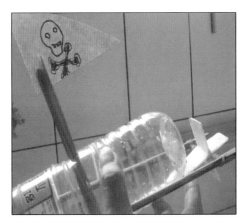

圖 6-4a-2　廢物大變身：疾駛海盜船

圖 6-4b-1 「廢鐵雕」

圖 6-4b-2 「廢鐵雕」

圖 6-4b-3 「廢鐵雕」

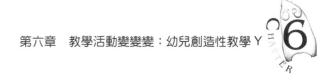

活動五：繽紛水果 Pizza

適用主題：好吃的食物、異國世界、好吃的水果……等
涉及領域：健康、美勞創作、科學、語文

主要活動思維

將健康、科學與美勞活動結合，讓幼兒發揮創造力，創意設計、製作水果 Pizza 與水果食譜。

引起動機

教師將事先切成小丁塊狀的鳳梨、蘋果、桃子等水果與葡萄乾、蔓越莓乾、杏桃乾等乾燥水果拿出，和幼兒討論這些果物的味道與營養。

主要活動流程

1. 教師以坊間 Pizza 店的廣告 DM 為情境激發鷹架，詢問幼兒吃過哪些 Pizza？Pizza 的主要成分為何？並告訴幼兒今天要製作很特別的繽紛水果 Pizza。

2. 教師拿出 Pizza 小圓餅皮，請幼兒思考要如何在這塊圓形麵皮上設計花樣，讓 Pizza 又好看、又好吃？並在白板上畫出幾個圓形，備好彩色白板筆，請幼兒試著設計。教師鼓勵不同的設計，視幼兒表現提示可以用水果顏色、也可以用幾何圖形與圖案設計花樣（如由圓心外擴數圈、每圈不同顏色果物；等分四塊、每塊不同顏色果物；結合以上兩者含中央同心圓與外圍數塊；或是用水果在圓形麵皮上自由拼花、構圖等），請幼兒創意思考自己獨有的 Pizza 造型。

3. 請幼兒洗手後戴上手套開始製作，過程中，教師鼓勵幼兒做出與別人不同的 Pizza，並適時誇讚具有獨特設計的幼兒。

4. 完成設計者由教師撒上起士，幼兒則為 Pizza 創意命名（如果果 Pizza、彩色夏威夷Pizza、沙拉拉Pizza、笑臉Pizza、阿花Pizza等）並拍照，最後放入烤箱中烘烤。

5. 教師以入烤箱前照片與烤後成品，讓幼兒比較食物烹調前後之變化，以及請幼兒選出最有創意的 Pizza。

延伸變化

※請幼兒創意思考可用水果製作的食物，如水果沙拉、水果優格、綜合果汁、水果醬泥、水果三明治、水果派等，然後請幼兒將這些食物創意命名，如「百香春泥」、「花心果泥」、「百果治」、「甜蜜沙拉」、「千層治」、「花心派」、「青春派」、「繽紛沙拉」、「彩虹蜜乳」等，並將這些果製食品繪圖與製作成具有個人特色的「水果食譜大全」。

※可讓幼兒更進一步直接揉搓麵糰、製作各種造型與餡料（如核桃、葡萄乾、花生、巧克力等）的餅乾。

備註

本活動要特別注意製作時的衛生，如是在教室中烤製，也要小心注意烤箱的溫度，以免燙傷。

活動六：綁綁變新衣

適用主題：千變萬化的衣服、布料與衣服⋯⋯等

涉及領域：藝術、社會等

主要活動思維

將小肌肉發展與社會、藝術活動結合，讓幼兒發揮創造力，為心愛的填充玩具或洋娃娃，用綁的變通方式製作新衣。

引起動機

活動前兩天提醒幼兒帶大型填充玩具或洋娃娃，活動當天教師展示穿有衣物的大型填充玩具（如小熊、猴子）或洋娃娃等。

主要活動流程

1. 教師對幼兒說人類天天換衣服，這些小熊、猴子與娃娃每天都穿一樣的衣服（或沒穿衣服），詢問幼兒感覺，引發幼兒為其心愛的大型填充玩具或洋娃娃製作新衣的動機，這也是一種情境激發鷹架。

2. 教師出示服裝雜誌上的圖片，與幼兒討論衣服有哪些樣式（如飄逸的披風、寬鬆的袍子、超人外穿的三角褲、吊帶裙褲、比基尼游泳衣、背心裙褲等）？

3. 教師告訴幼兒用「綁」的方式，就可以變成衣服（強調非用縫衣針縫製），並提供碎布、毛巾、方巾、塑膠袋、橡皮筋、布條、繩子等材料，請幼兒思考並嘗試可以怎麼綁製新衣？必要時教師可以示範一項綁製方式，以引發幼兒更大的創意（如一邊的布頭布尾相綁可成披風，兩邊的布頭布尾相綁可成短褲，用布條或橡皮筋綁住兩塊布角可成上衣或背心，兩塊布交叉互綁可成比基尼胸罩，用布條穿

過布面上的洞可成吊帶裙褲……），然後請幼兒自取各種材料創作
（如圖 6-6a-1、6-6a-2、6-6a-3 所示）。

4. 在過程中，教師提供語文鷹架，刺激與鼓勵幼兒思考各種可能的綁
製方法與綁製成品。

5. 如果幼兒完成綁製作品，教師為其拍照存檔，並鼓勵其再綁製不同
造型的衣服。最後請幼兒抱著穿上新衣的填充玩具或娃娃行走伸展
台，展現獨特的衣服，並拍攝影音檔留存。

6. 教師以伸展台走秀影音檔，統整綁製衣服的各種可能變化組合。

圖 6-6a-1　綁綁變新衣

圖 6-6a-2　綁綁變新衣

圖 6-6a-3　綁綁變新衣

延伸變化

也可運用大垃圾袋或回收的大床單、布料，讓幼兒假裝自己是國王或皇后，以綁的方式為彼此製作新衣，而且提供各種回收材料，讓幼兒可以在衣服上創意裝飾（如圖 6-6b-1、6-6b-2、6-6b-3、6-6b-4 所示）。

備註

在綁布料或在布料上穿洞時，幼兒可能需要教師協助，但是綁製的方式（如一塊布兩角、四角自綁；兩塊布兩角、四角相綁；兩塊布交叉錯綁；穿洞或不穿洞以布條綁等）與搭配材料（如布條、橡皮筋、繩子、絲帶等），均可讓幼兒嘗試創意變化，教師應鼓勵幼兒探索各種可能性。

圖 6-6b-1　國王的新衣

圖 6-6b-2　國王的新衣

圖 6-6b-3　國王的新衣

圖 6-6b-4　國王的新衣

活動七：巧拼變畫

適用主題：形狀變變變、形狀世界……等
涉及領域：數學、美勞、語文

主要活動思維

將數學與美勞、語文活動結合，讓幼兒發揮創造力，運用基本形狀——圓形、四邊形與三角形建構與巧變出有意義的圖形，並敘說故事。

引起動機

運用有關形狀的繪本引起幼兒注意圓形、四邊形與三角形等基本圖形。

主要活動流程

1. 教師拿起事先剪裁好的圓形、四邊形與三角形，與幼兒討論每種形狀的特色，如三角形有三個邊、四邊形有四個邊等。

2. 引導幼兒注意無論是三角形與四邊形都有各種不同的邊長、角度、方向，組合成形形色色的形狀。提醒幼兒三角形不一定都是頂點向上的正三角形，還有鈍角三角形、銳角三角形等；四邊形也不一定都是正方形，還有梯形、平行四邊形、菱形等。

3. 發給幼兒事先剪裁好的各式各樣圓形、四邊形與三角形，以及回收A4 紙張數張與黏膠等，請幼兒在回收白紙上彈性運用這些圖形拼組成各種動物、人物或景物，愈多愈好。提醒幼兒在拼組時可以選擇各種不同形狀，並改變黏貼方向或部分重疊，以創造各種可能變化，如三角形可以是「山」，也可以是超人的「三角內褲」，梯形可以是「漏斗」，也可以是「寬大裙子」。

4. 最後教師請幼兒以彩色筆增補構圖內容，在增補繪圖時，除外加

外，教師鼓勵幼兒儘量延伸原有基本圖形，使其巧變為其他完全不同的圖像。

5. 讓幼兒將完成的作品命名與分享，如光頭神探與狗、宇宙裡的神氣追風俠、跪拜的大嬸、穿雨衣的小紅帽等，提供同儕鷹架，教師則統整各種可能的變化組合。

延伸變化

※可讓幼兒將數張黏貼作品組製成一本繪本，並鼓勵其連串內容敘說故事。

※黏貼活動較為具體，其延伸活動則可讓較大幼兒在白紙上直接繪畫各種基本圖形，並將其延伸成各種動物、人物或景物（如圖 6-7-1、6-7-2 所示）。

備註

※本活動之前置活動可以分別進行某一基本圖形的延伸構圖，舉例而言，在 A4 紙上預製圓形矩陣，讓幼兒在圓形上延伸圖形，如圓形加幾筆可變成音符、甜甜圈、眼鏡、兩棵帶梗櫻桃、甜筒、烤肉串等；三角形加幾筆可變成房子的屋頂、六角星星、方向箭頭、聖誕樹、傘或檯燈等。

※認識形狀特性是數學的重要內容，本活動讓幼兒在黏貼中不僅認識不同角度與方向的基本圖形，而且也讓幼兒運用創意去構圖，最後則是為自己的構圖說故事，涉及多領域的創造性活動。

※本活動最特別的地方在於拼組黏貼後的延伸構圖，幼兒需要運用變通力，才能巧變為其他完全不同的圖像。

圖 6-7-1　巧拼變畫：跪拜的大嬸

圖 6-7-2　巧拼變畫：穿雨衣的小紅帽

活動八：老話新說

適用主題：童話、好聽的故事、從前從前……等

涉及領域：語文、戲劇、美勞

主要活動思維

讓幼兒發揮創造力，運用熟悉的故事情節，變通拼湊成不同情境的故事內涵。

引起動機

教師呈現所影印的故事繪本之重要情節圖片，如《小紅帽》、《小木偶》、《白雪公主》等，每個故事約三、四張重要情節圖片，引起幼兒興趣。

主要活動流程

1. 教師一一呈現每個故事的重要情節圖片，詢問幼兒該故事的大要內容，讓幼兒勾起記憶。

2. 教師出示一個含有四至六格的實體拼盤（每格可擺放一張故事圖片），或在白板上畫上四至六格框線，向幼兒說明拼盤就是幾樣小菜合拼組成一盤菜餚；告訴幼兒今天要合力製作一個童話故事拼盤，將老童話重新組合成新的說法，也就是每個拼盤格子中放一張圖片，然後大家把它連串成一個完整的新故事。教師可提供一個示範鷹架，以拋磚引玉誘發幼兒編串各種可能的故事。

3. 請幼兒隨意抽出幾張故事圖片放在拼盤上，然後在教師的語文鷹架引導下，大家一起思考故事的演化（例如：「小木偶」到外婆家的途中，遇到了外國來的「白雪公主」，小木偶特別開心與七個小矮人成

為好朋友；但是巫婆想害小木偶，於是派出大野狼去咬他，小木偶太硬了，大野狼根本咬不動，而且白雪公主的七個小矮人侍衛也奮力保護著小木偶，結果大野狼狼狽逃走，遇到迷失在森林中的白雪公主……最後「小木偶王子」、「白雪公主」、「七個小矮人」成了好朋友，合組成「木頭八與白雪合唱團」，到世界各國演唱）。而針對同樣的圖片，教師可以鼓勵幼兒想出各種不同版本的故事，愈多愈好；甚至抽換一、兩張，再重新發想、改編。

4. 再抽出另外幾張不同圖片，請幼兒分組進行拼盤故事，最後各組向全班分享，提供同儕激盪鷹架，教師可讓幼兒比較各組間故事的異同，作為最後的統整。

延伸變化

※敘說完拼盤故事後，也可以讓幼兒合力以肢體動作演出故事，甚或配合演出製作道具、服裝，或自行配樂。

※另一種混搭故事的作法是教師利用第四章第三節巧變創意中的「強迫關係」技法，在幼兒面前畫出表格，將兩個故事強迫組合；或是運用「型態分析法」，與幼兒一起將各童話予以分析成部分，再行創意組合（拆分為地點、人物、情節、配角等，然後在各個不同故事的各類成分間穿針引線，組合成另類新版故事，如《愛麗絲夢遊仙境》的場景，配上《賣火柴小女孩》的人物與《小木偶》的片段劇情等）。

※除改編故事外，亦可讓幼兒自創故事，例如：第三章所提到筆者輔導的親仁實驗幼兒園彩色香菇班咖啡老師所進行的「接語詞、創故事」，即是讓幼兒運用變通力自行創作故事的很好活動。

備註

※呈現拼盤的目的是讓幼兒感受故事可以拆解成部分並重新合成不同
　情境的故事，其作用有如架構鷹架一般，提供了活動進行的方向。

※拼盤活動進行時，教師第一次的鷹架引導很重要，必須引導幼兒在
　不同圖片間創意思考其間的關係與情節發展，以編創出新的故事；
　而且同樣的數張拼盤圖片也可發展成不同的故事內涵，這就是變通
　力的運用，教師應鼓勵幼兒各種創意表達。

活動九：詩詞。朗上口

適用主題：吟詩作詞、依詩詞內容配合主題……等

涉及領域：語文、音樂、律動等

主要活動思維

讓幼兒以創意的肢體動作、不同的節奏朗唸詩詞；或將詩詞套入熟悉曲調中，促進詩詞朗唸的趣味性與有意義的學習，並且也發展幼兒的創造力。

引起動機

老師播放熟悉的兒歌如「小星星」（一閃一閃亮晶晶，滿天都是小星星……），並以節奏樂器如響板、鈴鼓跟著兒歌敲打節奏；關掉兒歌後，老師自行吟唱並打出與原本四拍節奏不同的節奏。

主要活動流程

1. 教師出示畫有註解意義插圖的詩詞海報如〈紅豆詞〉，在解釋詩詞意義後，請幼兒一起思考表現詩詞意義的肢體動作。教師鼓勵各種不同的表現方法，例如：「此物最相思」可以用兩手拇指、食指合比出心形，也可兩手交叉於胸口，當然也可兩手在頭兩側畫圈圈代表相思。最後全班一起將詩詞配合自創動作朗誦之，教師強調要跟別人不同。

2. 教師再以節奏樂器敲打與原節奏不同的節奏，帶領幼兒跟著節奏朗唸詩詞，此舉等於提供示範鷹架。然後請幼兒思考還有什麼不同節奏的朗唸方式？請幼兒示範敲打與唸出，全班並跟著朗唸（如圖6-9-1所示）。

3. 接著教師播放熟悉曲調的兒歌如「小星星」，帶領幼兒將紅豆詞套入小星星旋律中，例如：「紅豆紅豆生南國，春來春來發幾枝……」。然後請幼兒思考還有什麼熟悉曲調可以套入〈紅豆詞〉？教師鼓勵幼兒儘量嘗試並吟唱。在過程中，教師錄下幼兒的各種不同表現。

4. 教師以電腦投影呈現以上活動影音檔，這也是一種回溯鷹架，藉機統整各種節奏、旋律與動作的表現方式，可為後續的創意表現奠基。

圖 6-9-1　詩詞。朗上口！

延伸變化

※除動作、旋律與節奏的創意改編外，也可延伸至詩詞的詞句內容改編，改編後亦可套入動作、旋律與節奏。

※甚至可將此活動延伸至創造層次，讓幼兒討論並自訂教室常規，例如：「說話之前請舉手、飯前飯後勤洗手、教室裡面請用走、排隊行進快步走。」教師將其寫於海報上並繪畫字義插圖，然後帶領幼兒運用創造力，思考如何以自創的肢體動作朗唸常規口訣，或以不同

節奏朗唸常規，或將此常規套入熟悉的曲調（如「三輪車」、「小星星」）吟唱。你可以試試看嗎？

備註

※動作、旋律、節奏、詩詞內容的創意改編涉及彈性變通能力，是很重要的創造能力。

※本活動可準備各種節奏樂器，讓幼兒敲打出自己的節奏，但教師必須先行示範與引導基本節奏的拍打，讓幼兒感受節奏的真正意義。

※讓幼兒背誦傳統文化結晶的詩詞，其立意良好，但很重要的是，要讓幼兒理解詩詞的情境意涵，才是有意義的學習。所以本活動配合畫有註解意義插圖的詩詞海報與傳達意義的肢體動作，且讓幼兒在配有節奏並套入熟悉曲調中的歡愉氣氛下朗唸，可以提升學習效果。

活動十：兒歌。不同唱

適用主題：動物奇觀、植物奇觀……等

涉及領域：音樂、語文、律動、數學、自然

主要活動思維

讓幼兒發揮創造力，將「大象」、「兩隻老虎」等兒歌詞句內容改編，並與數學、科學概念結合，促進有意義的學習。

引起動機

播放「大象」、「兩隻老虎」等兒歌。

主要活動流程

1. 教師在白板上張貼加註圖解的「大象」兒歌歌詞：「大象！大象！你的鼻子怎麼這麼長？媽媽說鼻子長，才是漂亮！」引導幼兒思考如何改編歌詞與自創動作並實際唱作，在過程中教師可以適度提供示範，例如：可以改編成長頸鹿：「長頸鹿！長頸鹿！你的『脖子』怎麼這麼『長』？媽媽說脖子長，才能『看得遠』！」；也可以改編成河馬：「河馬！河馬！你的『嘴巴』怎麼這麼『大』？媽媽說嘴巴大，才能『吃得多』！」；當然也可改編成榴槤：「榴槤！榴槤！你的『味道』怎麼這麼『香』？媽媽說味道香，才有『營養』！」。教師鼓勵每位幼兒唱作時表達不同的肢體動作，如大象之動作可以是比劃出兩隻搧動的大耳朵、龐大身軀行走樣，或是晃動行進中的長長鼻子。

2. 幼兒熟悉歌詞改編後，教師在白板上張貼加註圖解的「兩隻老虎」兒歌歌詞：「兩隻老虎、兩隻老虎，跑得快、跑得快，一隻沒有耳

朵，一隻沒有尾巴，真奇怪、真奇怪！」，請幼兒分組改編並演出。

3. 老師表達希望這次的改編能更精進一些，歌詞中有數學「分解、合成」或「空間方位」概念，並提供合宜的示範與架構鷹架，激發幼兒的創作（例如：四隻蟲子、四隻蟲子，在跳舞、在跳舞，「兩」隻正在拍手，「兩」隻在旁觀賞，「共幾隻？」「共八隻！」；或者是六隻青蛙、六隻青蛙，在跳水、在跳水，「兩」隻「跳」到「右邊」，「兩」隻「跳」到「左邊」，「兩」隻「跳」到「後面」，「不見了！」「呱呱呱！」；或者是五隻鱷魚、五隻鱷魚，在沙灘、在沙灘，「兩」隻下去「游泳」，「一」隻跑去散步，「剩幾隻？」「剩兩隻！」）。

4. 各組幼兒分享改變成果時，教師在白板上書寫數學算式或繪畫動物空間方位，連結具體與抽象，統整各種可能的改編方式。

延伸變化

若幼兒熟悉此一活動後，甚至延伸至只保留曲調不變，歌詞內容全改亦可，如三輪車兒歌：「三輪車跑得快，上面坐個老太太……」，你可以試試看將其歌詞內容完全改編嗎？

備註

※改編歌詞是替換語詞的語文活動暨音樂活動，而且融入自然科學（動物特徵、習性）、數學概念（方位、數量）與加減運算，在遊戲中學習。最重要的是它能培養幼兒的變通能力，教師須多加鼓勵幼兒的創意表現。

※活動進行時，教師要依序引導，如先加法、再減法，並適時把空間方位概念帶入。

※「主要活動流程」1改編「大象」兒歌是新竹教育大學第一屆幼教系
學生上課時的原創想法，筆者加以延伸。

活動十一：雲想想看

適用主題：風起雲湧、四季與天氣……等

涉及領域：語文、美勞創作、科學、律動

主要活動思維

結合肢體律動與語文，讓幼兒觀雲、想像，發揮創造力，以動作與詩詞表達「雲像什麼？」。

引起動機

教師預告幼兒要到戶外看雲，可以攜帶觀察記錄本，請幼兒安靜排隊。

主要活動流程

1. 教師將幼兒帶到戶外後，架構「情境激發鷹架」，請幼兒找個乾淨地方躺下或坐下，觀賞天上的雲。

2. 幼兒一面觀賞時，教師請幼兒說出：「雲像什麼？」、「給你的感覺是什麼？」讓幼兒盡情以口語發表，或以畫筆繪出。

3. 回到教室後，請幼兒看著記錄本回憶並說出剛剛的感覺，如幼兒說：「輕飄飄的不知飄去哪裡？」、「軟軟的好想靠上去！」、「好悠閒，令人羨慕！」、「像煙一樣的」……，問幼兒可以用什麼東西來表達雲的感覺？可以只用自己的身體表達這種感覺嗎（如用雲步行走、用蘭花指手勢柔軟甩動等）？再請幼兒自行選擇教室內的物品（如娃娃家的紗巾、美勞角的大透明塑膠袋、廁所的衛生紙捲、創作角的皺紋紙彩帶等），配合肢體動作即興表達，囑其在物品選擇與肢體動作上儘量不要和別人一樣，表現獨特性。

4. 教師再唸幾句詩詞或成語，如「雲淡風輕」、「風起雲湧」、「雲深不知處」等，請幼兒依著自己的感覺試著吟出簡單的詩句，例如：「軟軟的雲，飄飄地走，不知你要飄向哪裡？」

5. 如果幼兒沒有回應，教師可以用簡單的兒歌如「魚兒魚兒水中游」，讓幼兒先替換語詞（「雲兒雲兒天上飄，飄來飄去樂悠悠！」），從替換詞句的變通開始搭構鷹架，這也就是所謂的「示範鷹架」與「架構鷹架」，提供幼兒思考的方向，促動幼兒進行後續簡單的詩詞創作。

6. 配合自選的物品輪流舞出所創作的雲的詩詞，教師鼓勵獨特性並攝影留存。

7. 最後全體一起觀賞影片，並選出最具創意之作。

延伸變化

自然現象如風中搖擺的小樹與落葉、大自然閃電打雷、磁力吸斥現象、毛蟲變蝴蝶歷程等，以及日常生活中的機器運轉、揉搓麵糰、氣球飛爆等都可配合主題課程需求讓幼兒觀察，並於觀察後以肢體搭配物品創意表徵，進而可再配合感性的詩詞創作，讓幼兒充分發揮創意。

備註

※教室如果不夠大，請移往體能活動室，讓幼兒能盡情揮灑，表現創意。

※這個活動是第四章第三節巧變創意「情境刺激」技法的運用實例。

CHAPTER 7 幼兒創造性教學動動動：結論

本書綜合匯合理論，確立創造力的發揮是需匯集多方因素，在另一方面，幼兒創造性教學強調師生共構且雙方均能運用創造力，更需多方資源與要素的聚集與互動。因此本章第一節論及在幼兒園中，創造性教學如何全面啟動與熱絡，特別是在資源與環境方面；第二節則在總結本書重要論點後，提出未來展望。

第一節 人事物全面變變變！

幼兒創造性教學是需要人、事、物、地、時等各方面全面的配合，首先在「人」方面，在第三章基於幼兒發展一般特性與創造力表現特性剖析影響幼兒創造力發揮因素，並綜合各家理論提出「幼兒創造性教學模式」；接著我們討論了幼兒教師的特性，並於第四章論述教師如何「樂活創意」與「巧變創意」。其次在「事」方面，我們於第五章、第六章分別闡述課程與教學面向的變化求新，並提出具體落實建議與活動範例。因此本節專就「物」、「地」等的求新變化加以討論，正好呼應第三章創造性教學模式，教師在設計主題課程與各領域活動時，要同時考量學習環境與教具資源等，其實每一個環節均可創意切入，運用創造力讓教學活化。

一、資源變變變

　　施行創造性教學，教師在資源方面也可善選、善用與巧變，例如：儘量選擇開放性教材如黏土、沙、建構拼組玩具等，讓幼兒玩出創意。此處著重於教師較可發揮作用的與幼兒共製教材、教具以及善用、巧變回收資源兩方面，敘述如下。

（一）共製創意教材、教具

　　基於社會建構論的幼兒創造性教學，教材可以是師生共製，有如Berk（2001）以及Bodrova與Leong（1996）所指之「共享活動」，師生共同參與製作與創意設計，整個製作的歷程就是一個探究學習與運用創意的歷程，雙方在豐富的語文交織中是心靈交會狀態，而且教師也適時扮演楷模與鷹架角色；其所製成的成果有幼兒心力付出，又可當角落操作教材，深具意義。基本上可分為教具與互動大書兩大類。

1.教具

　　教具可分為與主題相關的教具或是一般生活自理的教具，可以發揮巧思或運用科學原理如電流、磁力、空氣等加以創意設計。舉例而言，磁鐵具有穿透力特性，可以運用並製作許多操作遊戲，如以磁鐵棒帶動有利手眼協調的走迷宮遊戲、賽車或賽船遊戲，以及釣魚遊戲等；電流原理也是一樣，可以運用並製作許多有趣、有意義的教具，如有利手眼協調的電流急急棒、走迷宮（走錯軌道會發亮或鳴叫）、配對遊戲（動物與食物、文字與圖片、種子與植栽等配對，配對成功會發亮或鳴叫）等。第六章「教學活動變變變：幼兒創造性教學Y」的「廢物大變身」，就是運用橡皮筋的彈力製作疾駛海盜船、快閃烏龜等玩教具。

2.互動大書

　　師生也可運用巧思或配合科學原理製成可以操作的互動大書，書中操作式的設計如有幸運轉輪、簡易拼圖、可以拉長拉短設計、有夾層小翻頁、可以玩分類或配對或排序的遊戲、有鐵砂可以在上用磁鐵棒帶動繪圖、可以幫娃娃換穿不同款式或顏色的衣褲、答對了會閃亮或鳴叫、連連看或走迷宮、內附小塑膠白板可塗鴉並擦拭等。這巧為設計的大書可以是配合主題讓幼兒探索的「主題內容互動大書」，也可以是具統整性的「主題成果互動大書」。舉例而言，「美麗的春天」主題內容大書中除了師生共構文字故事架構與插圖外，可以有玻璃色紙配色操作（調成不同顏色的花）、花朵的拼圖遊戲（拼成一朵創意的花）、帶娃娃經過迷宮到花園（用磁鐵棒帶動）、種子與植栽配對遊戲（運用電流原理裝設蜂鳴器，答對了會鳴叫）、花朵分類遊戲、自行繪畫花朵植栽（可擦拭的小塑膠白板）等。再如有關健康的主題內容大書除了文字故事架構與插圖外，可以運用軟性磁鐵裁製成人體骨骸以供拼組，也可以有垃圾食物分類遊戲，還可以有由高腳釘連接身體重要部位做成的人體操作性圖偶，讓幼兒做出部位運動動作，並配合季節幫其穿戴合適衣物等。主題成果互動大書則是師生共同記錄主題歷程與成果，同樣亦可運用創意巧思與科學原理豐富其內容。

（二）善用與巧變回收資源

　　許多資源都可回收再利用巧變為其他物品，在此講求環保的時代，非常具有意義。在前面第六章「教學活動變變變：幼兒創造性教學 Y」的「廢物大變身」就是運用生活中的回收材料，創意設計好玩又有教育意義的玩教具，只要教師能發揮創意，以培育幼兒創造力為念，許多生活中的回收物如整箱的回收 CD 片、成堆的泡綿等，都是很棒的教

學材料或設計材料，以大型紙箱為例，只要運用變通力，它可以巧變為以下用途：

※主題課程的表徵工具：如扁平的大型紙箱盒蓋可作為探索「街道」主題後的房子與街道之建蓋鋪面，或探索「房子」主題後的室內空間設計場域；而紙箱本身則可作為探索「交通工具」主題後的汽車或公車實體，它是很棒的表徵工具或表徵材料。

※角落扮演的道具：如它可隨幼兒遊戲需要，巧變為浴缸、桌面、櫃檯、城堡等；甚至也可裝扮在身上，變成動物。

※角落分隔或當隱密角用：整個大型紙箱就是一個隱密的空間，可以讓幼兒自行布置成隱密角；或者配合實體空間裁剪成兩個角落間的隔板，使不同活動能持續進行。

※合作畫或大型作品展示的底墊：紙箱有一定的厚度，割開某一面後，可以支撐大型的作品或是當合作畫展示的鋪面。

※生活用途：可剪下當教室內廁所門口或洗手檯的防溼腳踏墊，或是美勞與烹飪活動的桌面或地板的保護層。

※其他：配合各種活動需求，剪成小塊創意運用，如幼兒小書的封面、野外小坐墊、桌墊、扇子等。

二、環境變變變

根據第五章「主題課程變變變：幼兒創造性教學 X」所述，創造性主題課程之環境特徵是可以探索、遊戲、表徵與欣賞的多樣激勵環

境，因此教學不囿限於園內空間，教師應多提供環境與情境上的激發。因篇幅考量，此處僅就幼兒活動室與戶外遊戲環境，分別說明其如何巧妙設計。

（一）幼兒活動室

幼兒每日生活其中的活動室既是一個複合生活房，也是一個複合活動房，既可滿足生活需求，又可供作遊戲與探索。首先就複合生活房而言，除滿足生活需求與安全設計的原則外，儘量要做到具彈性多功能的設計，以讓空間能更加彈性運用，爭取更大的生活與活動機能，滿足幼兒的各種需求，更重要的是，也讓幼兒藉以體驗彈性變通的創造力重要精神。舉例而言，可運用地板高低層次變化，或活動式地板家具，創造各種不同的可用空間，如上下均可利用、可當午休空間的夾層閣樓，可當小組集會處、故事角落、小舞台空間的升降式地板設計，或可作為觀察、退避與平撫情緒及小展示台的木板台階座等。請參見筆者的《幼兒學習環境規劃：以幼兒園為例》一書。

幼兒活動室不僅是幼兒的生活用房，而且也是其遊戲探索的活動空間，吾人主張依「同鄰、異分」原則作整體性多元區域規劃，將其劃分為許多有趣、引人探索的學習區域（learning area）如娃娃家、積木區、語文區、創作區、益智區等。除滿足一般學習區規劃原則如清楚界限、流暢動線與安全外，最重要的是彈性設計，因為有彈性才能變化運用或具有潛能，讓幼兒感受變通的創造力精神。

因此活動室內的學習區之區隔儘量使用可移動的矮櫃、隔板、簾幕或巧拼地墊等，方便增設或變化為不同類型的區域，以提供課程與教學上的彈性運用，讓整個活動室空間成為活性空間，例如：大積木區收拾清理後，就可變成大團討區，娃娃角矮櫃推向牆面倚立並聯合大積木區，就成為律動場所；搭起布幔，運用紙圈鍊簾、巧拼地板、地

毯，架設移動式小平台等就可界定一塊空間，成為臨時外加的學習區域；甚至如上所述，運用地板高低層次變化或活動式地板家具，也可創造各種彈性變化空間。又筆者特別喜歡中空的小木箱積木，它是教具可堆疊建構，又可當扮演遊戲時之重要道具，還可反扣當座椅、小桌子、等待區，甚或是櫃架、分類箱或角落分隔界限，讓幼兒彈性運用、實際體驗創意變化。

（二）戶外遊戲場

戶外遊戲場也是很重要的探索、遊戲空間，首須作整體性多元區域規劃，例如：草坪嬉戲區、硬表層騎乘區、植栽區、組合型遊戲結構區、附加零件建構區等讓幼兒可以遊戲、探索；並依戶外遊戲場規劃原則加以設計，例如：設組織各區的循環且分支動線、重自然景觀與微氣候，以及安全與定期維護等；更重要的是創設挑戰、創意與想像情境，讓幼兒盡情探索遊戲，以及保留空白或彈性空間，讓幼兒也能體驗創意運用。

挑戰性是指可依自己興趣、能力選擇不同程度的遊戲設施或活動，以大型組合遊戲結構為例，它應是一個具有創意的多功能遊戲體，將多樣遊戲創意地結合在一起讓幼兒探索。不僅具有各種基本的體能遊具，如：單槓、攀爬網、吊環拉槓、滑梯、鞦韆、消防滑桿等，可以進行爬、拉、盪、吊、滑等大肢體活動，而且也具有各層大小平台與空間，可以進行扮演、想像等社會性遊戲，甚至可以是創意地與科學原理、操作活動結合，例如：反光鏡、哈哈鏡、音鐘、蛇形傳聲筒、斜面、風向器、井字連線活動、立面嵌入拼圖、塗鴉板等，可以進行認知、益智、音樂或美勞等活動。而在結構體底下的空間通常是堆置沙土，並提供容器、漏斗、天平、磚塊等移動性附加零件，以增加遊戲的多元性。幼兒在結構體上可以是一人單獨地遊戲，也可以是兩、

三位幼兒一起平行遊戲，甚至多位幼兒共同合作遊戲；也可選擇符合自己能力、興趣的遊戲，例如：滑梯可以有寬平低矮的短滑道、較高且直的中滑道，及高聳且彎的 S 滑道等不同設計；攀爬設施可以是垂直繩梯、拉繩與斜板、攀爬網繩等不同形式，不同平台間的聯繫有消防滑桿、樓梯、攀爬繩梯、斜板拉繩等設計。

創意也表現在整個結構體的造型上，它可以是不落俗套新奇的造型，也可以是引人遐想的模糊造型，可激發幼兒的想像力：堡壘？基地？太空船？工廠？當然創意也表現在可運用的移動式附加零件上，讓幼兒在結構體上的平台上、小空間裡，或結構體底下進行建構遊戲，例如：移動的兩、三層低階平台、大型輪胎、堅硬塑膠方形框籃、小遊戲屋、長條木椅、大單位積木、大木箱等，這些附加零件有時可用於區隔空間，有時自身可成遊具或一個小空間，有時多樣組合可成複雜多變的遊具設施。

又戶外遊戲場要儘量保有一塊留白（空）的空間，這塊空間非常具有彈性，隨時滿足孩子們遊戲與課程的需要。在都市中的幼兒園受限於空間，可儘量朝向多功能彈性設計，將留白空間與其他空間適度結合，如藉加大草坪區或硬表層區使具留白功能，讓這兩個區域不僅供作嬉戲、騎乘外，亦可讓幼兒操作與建構移動性附加零件，而且也提供其他活動用途，如：親子活動、畫架寫生等。

三、其他變變變

為共創創意學習社群，園內所有制度、政策等面向亦應創新求變，跟著熱動起來，例如：申請教材資源的手續儘量彈性以應臨時急需；給予教師適當額度的教材零用金以備課程之需；開放社區家長中的藝術才能人士入園或入班；容許教學時間或點心時間因應課程適度調

動；彈性運用社區空間、不受限於園內；鼓勵教師進修、休假充電並備有代課人力；促進讀書會設立、同儕觀摩等相互激勵機會；獎勵創新教學、創意活動等。

第二節　結論與展望

本節先統整全書論述重點，然後依此重點繼而提出未來於創造力或創造性教學上的展望，期能拋磚引玉或激起漣漪效果，對整個社會發揮更大影響力。

一、本書重點結論

本書歷經文獻探討，提出具匯合理論色彩的創造力定義：「具有領域知能、創造能力以及人格特質的『個體』，在支持暨挑戰『環境』中，歷經產生、評選與修正想法的解決問題實作『過程』，獲致新穎獨特與有價值的『表現或作品』。」並以「栽種盆花」譬喻此一創造力定義（如圖2-11所示），據以歸納影響創造力表現的三項要素：個體知能與特質、創造歷程因素、外在環境因素（如圖2-12所示）。

本書也試圖釐清多元名詞，基於幼兒全人發展考量與開放教學思維，並強調師生均能運用創意，樂活於教學或學習，將幼兒創造性教學定義為：「教師運用創造力活化與開放教學，讓學習對幼兒而言不僅是有趣、挑戰、能運用創造力，而且是有效果的，這個效果意指全人均衡發展，包含創造力部分。」

幼兒創造力表現的特質有四：(1)以好奇為動力，並常與探索或行動（實驗）連結以發現答案；(2)以想像為內涵，並以遊戲為媒介加以呈現與漸序發展；(3)以獨特與多元方式表達，並且是享受與執著於表達；(4)以變通與彈性為特色，並且是自由不羈的表達。筆者基於以上特質，復從影響創造力表現因素切入分析，並統整匯合理論學者與幼教學者觀點，提出基於社會建構論的「幼兒創造性教學模式」（如圖3-4所示）──在師生共同成長與建構下，創造力成為社群共同語言；

孩子在探究與遊戲的統整性「主題課程」中自信與多樣地表徵，享受心流經驗，教師則扮演夥伴與引導者等多元鷹架角色。此一幼兒創造性教學模式之特徵如下，本書並於第五、六章分別提供創造性課程與創造性教學活動實例。

（一）創造性主題課程特徵

　　課程精神：強調探究、遊戲、表徵與鷹架引導的「統整性主題課程」。

　　課程氛圍：可安心探索、自信表達與繼續精進的「民主暨成長氛圍」。

　　課程環境：可探索、遊戲、表徵與欣賞的「多樣激勵環境」。

　　教師角色：扮演「夥伴與多元鷹架角色」。

（二）創造性教學活動特徵

　　教學目標：嵌入創造力相關目標於活動中。

　　教學內容：有趣、挑戰以激發動機與創造潛能。

　　教學方法：探究、遊戲與表徵 vs.多元鷹架。

　　教學評量：真實評量、同儕檢視等多元方式。

（三）資源與環境等的創新變化

　　環境方面：可探索、遊戲、表徵與欣賞的多元激勵環境，講求室內、室外的多元空間、彈性變化、挑戰與想像，以及適度留白。且教學應廣為運用園外空間，激發幼兒之創意。

　　資源方面：除慎選開放性教材外，並強調師生以共享活動共製教材、教具，以及善用、巧變回收資源。

其他方面：強調制度與相關措施的彈性以因應課程所需。

　　幼兒教師具童稚心與愛心，是創造性教學實際運作、發揮功效的最佳人選，但在另一方面，幼兒教師也顯示較無信心，又經常受限於繁瑣的幼兒照護工作，因此筆者於第四章提出含括三大法寶的大補帖秘笈：「去除創障」、「活於創意」與「巧變創意」。「去除創障」是除去生活中阻擾創造力或創造潛能發揮的因素，「活於創意」是在生活中用心與用力地親近創意與試圖表現（把玩）創意，兩者必須相輔相成，個體才能趨於「樂活創意」最高境界。活於創意之道有四：親近創意標的、啟動創意情懷、甦醒創意潛能、試圖創意表現。值得注意的是，教師有時也會枯竭、無力，需要外力或技法的加持，方能「巧變創意」；猶如大力水手有時也需依賴菠菜滋補，方能增能展力。巧變創意技法有六：自發跳 TONE 法、外力跳 TONE 法、腦力激盪法、關係重組法、借喻比擬法、心智圖法。第四章即在提供以上樂活創意之道與巧變創意技法。又教師在教學上也要與幼兒一起探索、遊戲，樂活於教學上之創意，並在教學上巧變出創意。

二、省思與展望

　　綜上所述，實施創造性教學，不僅師生形成共構知識的學習社群，老師之間與幼兒園內也要形成學習社群，方能有利創造性教學的具體落實；甚至整個大社會層面也要形成社群，讓全民瘋創意、創意滿生活。在此社會劇烈變動、高度競爭的時代，更需政府大力提倡，以及相關措施與制度彈性配合，例如：考試制度容許創意題型、推甄制度含括創意表現、更加保護智慧財產權、獎勵社區或民眾創意表現等；教育部與相關機構應再接再厲，讓《創造力教育白皮書》與其相關發

展計畫再加深化，使創意暢行無阻，全民動起來、一起玩創意。

　　許多人對創造力常存有迷思，在本書結束前，筆者針對這些迷思，再度指出創造力與創造性教學的一些重要概念：

1. 創造力是一種生活態度，是可以臻抵樂活境界的。
2. 創造力是一種生活習慣，是可以立意練習與強化的。
3. 完整的創造歷程包含擴散思考與批判思考。
4. 創造力發揮必須有適量知識為基礎。
5. 以可能性思考為核心的小 c 創造力是幼兒教育的重要目標。
6. 幼兒創造性教學是以全人發展為最高目標。
7. 幼兒創造性教學強調師生均能運用創造力。
8. 幼兒創造性教學涉及各領域、具統整性。
9. 幼兒創造性教學著重幼兒探究行動與多元表徵緊密聯結。
10. 幼兒創造性教學強調教師為夥伴、楷模等多元鷹架角色。

　　以上重要概念有助於吾人多方省思，例如：是否試圖樂活創意呢？即在生活上做到接近創意的人、事、物並且小試創意呢？是否找出自己的興趣領域並努力充實該領域知能呢？身為幼兒教師，是否以小 c 創造力為念，於平日生活作息與課程中培養幼兒的小 c 創造力呢？所實施的創造性教學是否涵蓋各領域，具有統整性呢？所實施的課程是否能讓幼兒一面獲得知能並能運用與表徵知能呢？以及所實施的活動是否能讓幼兒運用創造能力與創造情意特質呢？在教學中是否能搭設鷹架尤其是創設民主暨成長氛圍，以激發創意並精進創意呢？

　　最後再次強調，創造力是當代社會與未來世代的生存法寶，每一個人均要緊握此項利器，尤其是身為幼兒教師與家長，更應手持創造力補帖、心存創造力發展目標，共創創造力學習社群；同時社會中各企

業、機構也要擁抱創造力，追求創新與應變，以創造蓬勃生機。更期望創造力成為廣大社會的共同語言，政府與全民上下攜手共創有如教育部《創造力教育白皮書》所勾勒「創造力國度」之美好未來。當然以上願景需要許多制度層面的配套，如考試制度與內容的靈活、保護智慧財產的決心等，不過教育為立國綱本，當創造力成為學校社群、社區社群之共同語言時，必能日漸對廣大社會發生一定影響力量，讓我們共同期盼這美好未來早日到來！

參考文獻

中文部分

王文梅（2001）。**主題教學中的幼兒創意表現**。台北市：光佑。

毛連塭、郭有遹、陳龍安、林幸台（2000）。**創造力研究**。台北市：心理。

方德隆（譯）（2007）。R. Fisher & M. Williams 著。**開啟創造力之門：跨課程領域的教學**（Unlocking creativity: Teaching across the curriculum）。台北市：高等教育。（原著出版於 2004 年）

吳清山（2002）。創意教學的重要理念與實施策略。**臺灣教育，614**，2-8。

吳靜吉（2001）。**教育部創造力教育政策白皮書子計畫（六）：國際創造力教育發展趨勢專案報告書**。台北市：教育部。

吳靜吉（2002）。華人學生創造力的發掘與培育。**應用心理研究，15**，17-42。

李丹、劉金花、張欣戊（1992）。**兒童發展**。台北市：五南。

周淑惠（1998）。創造力、生活與教學：淺談創造力與幼兒教師。載於新竹師院（編印），**教育改革理念與做法**（頁 271-287）。新竹市：國立新竹師範學院。

周淑惠（2002）。**幼兒教材教法：統整性課程取向**。台北市：心理。

周淑惠（2006）。**幼兒園課程與教學：探究取向之主題課程**。台北市：心理。

周淑惠（2008）。**幼兒學習環境規劃：以幼兒園為例**。台北市：新學林。

周淑惠（2009）。幼兒學習與評量：析論「文檔紀錄」。**香港幼兒學報，8**（1），14-21。

邱皓政等（譯）（2008）。M. A. Runco 著。**創造力：當代理論與議題**（Creativity: Theories and themes: Research, development, and practice）。台北市：心理。（原著出版於 2007 年）

孫易新（2002）。**心智圖法基礎篇：多元知識管理系統 1**。台北市：耶魯。

張世彗（2007）。**創造力：理論、技法與教學**。台北市：五南。

張軍紅、陳素月、葉秀香（譯）（1998）。L. Malaguzzi 等著。**孩子的一百種語言**。台北市：光佑。（原著出版於 1996 年）

張蕙伊（2010）。**幼兒創造性教學之個案研究**。國立新竹教育大學幼教研究所碩士論文，未出版，新竹市。

教育部（2002）。**創造力教育白皮書**。台北市：作者。

教育部（2006）。**台灣創造力教育 DVD**（創造力教育中程發展計畫）。台北市：作者。

許素甘（2004）。**展出你的創意：曼陀羅與心智繪圖的運用與教學**。台北市：心理。

郭有遹（1994）。**創造性的問題解決法**。台北市：心理。

郭俊賢、陳淑惠（譯）（2003）。R. J. Sternberg & W. M. Williams 著。**如何培育學生的創造力**（How to develop student creativity）。台北市：心理。（原著出版於 2007 年）

陳美芳、盧雪梅（譯）（1992）。E. de Bono 著。**高明的思考法：de Bono 思考訓練精粹**（第三版）。台北市：心理。

陳淑芳、簡楚瑛（2004）。**創造力在幼兒階段的特質、實踐、和傳遞歷程之跨文化研究（II）**。行政院國家科學委員會專題研究計畫成果報告（NSC92-2511- S-143-001）。台北市：國立政治大學。

陳淑芳、簡楚瑛（2006）。**創造力在幼兒階段的特質、實踐、和傳遞歷程之跨文化研究（III）**。行政院國家科學委員會專題研究計畫成果報告（NSC93-2511- S-143-003）。台北市：國立政治大學。

陳龍安（2006）。**創造思考教學的理論與實際**（第六版）。台北市：心理。

黃又青（譯）（2000）。Reggio Children 著。**噴泉：為小鳥建造樂園的活動記實**。台北市：光佑。

黃譯瑩（2003）。學術社群說出創造力的語言及其反映的思維：一般創造力與兒童創造力研究文本對照中的啟示。**師大學報科學教育類，48**（2），255-276。

葉玉珠（2006）。**創造力教學：過去、現在與未來**。台北市：心理。

董奇（1995）。**兒童創造力發展心理**。台北市：五南。

詹文娟（2003）。幼兒創造性教學模式：以春天的花園為例。**國教世紀，206**，5-12。

賴麗珍（譯）（2007）。S. Bowkett 著。**創意思考教學的 100 個點子**（100 ideas for teaching creativity）。台北市：心理。（原著出版於2005 年）

簡楚瑛、陳淑芳（2003）。**創造力在幼兒階段的特質、實踐、和傳遞歷程之跨文化研究（I）**。行政院國家科學委員會專題研究計畫成果報告（NSC91-2522-S- 004-005）。台北市：國立政治大學。

魏美惠（1995）。**近代幼兒教育思潮**。台北市：心理。

魏美惠（1996）。**智力新探**。台北市：心理。

饒見維（2005）。**創造思考訓練：創思的心理策略與技巧**。台北市：五南。

西文部分

Amabile, T. M. (1989). *Growing up creative: Nurturing a life time of creativity.* Buffalo, NY: C. E. F. Press.

Amabile, T. M. (1996). *Creativity in context: Update to the social psychology of creativity.* Boulder, CO: Westview Press.

Aqua One Technologies, LLC. Fish N. Flush. Retrieved March 10, 2011, from http://www.aquaone.com/aot_corp/fishnflush

Beetlestone, F. (1998). *Creative children, imaginative teaching.* Philadelphia, PA: Open University Press.

Berk, L. E. (2001). *Awakening children's mind: How parents and teachers can make a difference.* NY: Oxford University Press.

Boden, M. A. (2001). Creativity and knowledge. In A. Craft, B. Jeffrey & M. Leibling (Eds.), *Creativity in education* (pp. 95-102). London, UK: Continuum.

Bodrova, E., & Leong, D. J. (1996). *Tool of the mind: The Vygotskian approach to early childhood education.* NJ: Prentice-Hall.

Cecil, L. M., Gray, M. M., Thornburg, K. R., & Ispa, J. (1985). Curiosity-exploration-play-creativity: The early childhood mosaic. *Early Child Development and Care, 19,* 199-217.

Collins, M. A., & Amabile, T. M. (1999). Motivation and creativity. In R. J. Sternberg (Ed.), *Handbook of creativity* (pp. 297-312). New York: Cambridge University Press.

Copple, C., & Bredekamp, S. (2009). *Developmentally appropriate practice in early childhood programs: Serving children from birth through age 8.* Washington, DC: NAEYC.

Cornelius, G., & Casler, J. (1991). Enhancing creativity in young children: Strategies for teachers. *Early Child Development and Care, 72*, 99-106.

Craft, A. (2000). *Creativity across the primary curriculum: Framing and developing practice*. London, UK: Routledge.

Craft, A. (2001). Little c. creativity. In A. Craft, B. Jeffrey & M. Leibling (Eds.), *Creativity in education* (pp. 45-61). London, UK: Continuum.

Craft, A. (2002). *Creativity and early years education: A lifewide foundation*. London, UK: Continuum.

Craft, A. (2005). *Creativity in schools: Tensions and dilemmas*. NY: Routledge.

Craft, A. (2007). Possibility thinking in the early years and primary classroom. In A. Tan (Ed.), *Creativity: A handbook for teachers*. Singapore: World Scientific Publishing.

Cropley, A. J. (2001). *Creativity in education and learning: A guide for teachers and educators*. London, UK: Kogan Page Limited.

Cropley, A. J., & Urban, K. K. (2000). Programs and strategies for nurturing creativity. In K. A. Heller, F. J. Monks, R. J. Sternberg & R. F. Subotnik (Eds.), *International handbook of giftedness and talent* (pp. 485-498). Oxford, UK: Elsevier Science.

Csikszentmihalyi, M. (1990). The domain of creativity. In M. A. Runco & A. S. Albert (Eds.), *Theories of creativity* (pp. 190-212). Newbury Park, CA: Sage.

Csikszentmihalyi, M. (1996). *Creativity: Flow and the psychology of discovery and invention*. NY: Harper Collins.

Csikszentmihalyi, M. (1999). Implications of a systems perspective for the study of creativity. In R. J. Sternberg (Ed.), *Handbook of creativity* (pp. 313-335). New York: Cambridge University Press.

Csikszentmihalyi, M., & Wolfe, R. (2000). New conceptions and research approach to creativity: Implications of a systems perspective for creativity in education. In K. A. Heller, F. J. Monks, R. J. Sternberg & R. F. Subotnik (Eds.), *International handbook of giftedness and talent* (pp. 81-94). Oxford, UK: Elsevier Science.

Dacey, J. (1989). Peak periods of creative growth across the life span. *The Journal of Creative Behavior, 23*(4), 224-246.

de Bono, E. (1970). *Lateral thinking: Creativity step by step*. NY: Harper & Row.

de Bono, E. (1992). *Serious creativity*. NY: Harper Collins.

Dudek, S. Z. (1974). Creativity in young children: Attitude or ability? *The Journal of Creative Behavior, 8*(4), 282-292.

Duffy, B. (1998). *Supporting creativity and imagination in the early years*. Buckingham, UK: Open University Press.

Eberle, R. F. (1996). *Scamper* (Reissue). Waco, TX: Prufrock Press.

Eckhoff, A., & Urbach, J. (2008). Understanding imaginative thinking during childhood: Sociocultural conceptions of creativity and imaginative thought. *Early Childhood Education Journal, 36*, 179-185.

Edwards, C., Gandini, L., & Forman, G. (Eds.) (1998). *The hundred languages of children: The Reggio Emilia approach－Advanced reflections* (2nd ed.). Norwood, NJ: Ablex.

Esquivel, G. B. (1995). Teacher behaviors that foster creativity. *Educational Psychology Review, 7*(2), 185-202.

Feldman, D. H. (1999). The development of creativity. In R. J. Sternberg (Ed.), *Handbook of creativity* (pp. 169-186). New York: Cambridge University Press.

Gardner, H. (1993). *Creating minds: A anatomy of creativity seen through the lives of Freud, Einstein, Picasso, Stravinsky, Eliot, Graham, and Gandhi.* NY: Basic Books.

Gordon, W. J. J. (1973). *The Metaphorical way of learning and knowing* (2nd ed.). Cambridge, MA: Porpoise Books.

Gordon, W. J. J. (1981). *The new art of the possible: The basic course in synectics.* Cambridge, MA: Porpoise Books.

Gowan, J. C. (1979). The development of creative individual. In J. C. Gowan, J. Khatena & E. P. Torrance (Eds.), *Educating the ablest: A book of readings* (2nd ed.) (pp. 58-79). Itasca, IL: F. E. Peacock.

Guilford, J. P. (1986). *Creative talents: Their nature, uses and development.* Buffalo, NY: Bearly Limited.

Houtz, J. C. (2003). The educational psychology of creativity. In J. Houtz (Ed.), *The educational psychology of creativity.* Cresskill, NJ: Hampton Press.

Isenberg, P., & Jalongo, M. (1993). *Creative expression and play in the early childhood curriculum.* NY: Macmillan.

Jimenez, J. (1975). Synectics: A technique for creative learning. *The Science Teacher, March.*

Joubert, M. M. (2001). The art of creative teaching: NACCCE and beyond. In A. Craft, B. Jeffrey & M. Leibling, (Eds.), *Creativity in education* (pp. 17-34). London, UK: Continuum.

Lucas, B. (2001). Creative teaching, teaching creativity and creative learning. In A. Craft, B. Jeffrey & M. Leibling (2001), *Creativity in education* (pp. 35-44). London, UK: Continuum.

Maslow, A. H. (1968). *Toward a psychology of being.* NY: Van Nostrend.

Mayer, R. E. (1999). Fifty years of creativity research. In R. J. Sternberg (Ed.),

Handbook of creativity (pp. 449-460). New York: Cambridge University Press.

Mayesky, M. (2002). *Creative activities for young children* (7th ed.). NY: Delmar Publishers.

Merriam-Webster. *Creativity*. Retrieved December 15, 2010, from http://www. merriam-webster.com/thesaurus/creativity.

Nickerson, R. S. (1999). Enhancing creativity. In R. J. Sternberg (Ed.), *Handbook of creativity* (pp. 393-430). New York: Cambridge University Press.

Oral, G. (2008). Creative learning and culture. In A. Craft, T. Cremin & P. Burnard (Eds.), *Creative learning 3-11 and how we document it* (pp. 3-10). UK: Trentham Books.

Osborn, A. F. (1963). *Applied imagination* (3rd ed.). NY: Charles Scribner's Sons.

Piirto, J. (2004). *Understanding creativity*. Scottsdale, AZ: Great Potential.

Policastro, E., & Gardner, H. (1999). From case studies to robust generalizations: An approach to the study of creativity. In R. J. Sternberg (Ed.), *Handbook of creativity* (pp. 213-225). New York: Cambridge University Press.

Shallcross, D. J. (1981). *Teaching creative behavior: How to evoke creativity in children of all ages*. NJ: Prentice-Hall.

Simonton, D. K. (2006). Creativity around the world in 80 ways...but with one destination. In J. C. Kaufman & R. J. Sternberg (Eds.), *The international handbook of creativity* (pp. 490-496). New York: Cambridge University Press.

Starko, A. J. (2005). *Creativity in the classroom: Schools of curious delight* (3rd ed.). NJ: Lawrence Erlbaum Assoicates.

Sternberg, R. J. (2006a). The nature of creativity. *Creativity Research Journal,*

18(1), 87-98.

Sternberg, R. J. (2006b). Introduction. In J. C. Kaufman & R. J. Sternberg (Eds.), *The international handbook of creativity* (pp. 1-9). New York: Cambridge University Press.

Sternberg, R. J. (2007). Creativity as a habit. In A. Tan (Ed.), *Creativity: A handbook for teachers* (pp. 3-26). Singapore: World Scientific Publishing.

Sternberg, R. J., & Lubart, T. I. (1995). *Defying the crowd: Cultivating creativity in a culture of conformity*. NY: The Free Press.

Sternberg, R. J., & Lubart, T. I. (1999). The concept of creativity: Prospects and paradigms. In R. J. Sternberg (Ed.), *Handbook of creativity* (pp. 3-15). New York: Cambridge University Press.

Tegano, D. W., Moran III, J. D., & Sawyers, J. K. (1991). *Creativity in early childhood classrooms*. Washington, DC: National Education Association of the United States.

Torrance, E. P. (1975). Discontinuities in creative development. In E. P. Torrance & W. F. White (Eds.), *Issues and advances in educational psychology* (pp. 204-217). Itasca, IL: F. E. Peacock.

Torrance, E. P. (1988). The nature of creativity as manifest in its testing. In R. J. Sternberg (Ed.), *The nature of creativity* (pp. 43-75). New York: Cambridge University Press.

Torrance, E. P. (2003). Reflection on emerging insights on the educational psychology of creativity. In J. Houtz (Ed.), *The educational psychology of creativity* (pp. 273-286). Cresskill, NJ: Hampton.

Treffinger, D. J. (2003). Assessment and measurement in creativity and creative problem solving. In J. Houtz (Ed.), *The educational psychology of creativity* (pp. 59-93). Cresskill, NJ: Hampton.

Urban, K. K. (2007). Assessing creativity: A componential model. In A. Tan (Ed.), *Creativity: A handbook for teachers* (pp. 167-184). Singapore: World Scientific Publishing.

Vong, K. L. (2008). Creative learning and new pedagogies in China. In A. Craft, T. Cremin, & P. Burnard (Eds.), *Creative learning 3-11 and how we document it* (pp. 19-26). UK: Trentham Books.

國家圖書館出版品預行編目（CIP）資料

創造力與教學：幼兒創造性教學理論與實務／
周淑惠著. -- 初版. -- 臺北市：心理，2011.09
面；　公分. --（幼兒教育系列；51153）

ISBN 978-986-191-457-2（平裝）

1. 學前教育　2.創造思考教學

523.23　　　　　　　　　　　　　100014514

幼兒教育系列 51153

創造力與教學：幼兒創造性教學理論與實務

作　　者：周淑惠
執行編輯：高碧嶸
總　編　輯：林敬堯
發　行　人：洪有義
出　版　者：心理出版社股份有限公司
地　　址：231 新北市新店區光明街 288 號 7 樓
電　　話：(02) 29150566
傳　　真：(02) 29152928
郵撥帳號：19293172　心理出版社股份有限公司
網　　址：http://www.psy.com.tw
電子信箱：psychoco@ms15.hinet.net
駐美代表：Lisa Wu（lisawu99@optonline.net）
排　版　者：辰皓國際出版製作有限公司
印　刷　者：辰皓國際出版製作有限公司
初版一刷：2011 年 9 月
初版三刷：2016 年 10 月
I S B N：978-986-191-457-2
定　　價：新台幣 350 元